100 ΝΟΣΤΙ ΣΥΝΤΑΓΕΣ GUMBO

Η ΚΑΛΥΤΕΡΗ ΜΙΞΗ ΓΙΑ GUMBO

Σοφία Ασλανίδη

Αποποίηση ευθυνών

Οι πληροφορίες που περιέχονται σε αυτό το eBook προορίζονται να χρησιμεύσουν ως μια ολοκληρωμένη συλλογή στρατηγικών για τις οποίες ο συγγραφέας αυτού του eBook έχει κάνει έρευνα. Οι περιλήψεις, οι στρατηγικές, οι συμβουλές και τα κόλπα συνιστώνται μόνο από τον συγγραφέα και η ανάγνωση αυτού του eBook δεν εγγυάται ότι τα αποτελέσματα θα αντικατοπτρίζουν ακριβώς τα αποτελέσματα του συγγραφέα. Ο συγγραφέας του eBook έχει καταβάλει όλες τις εύλογες προσπάθειες για να παρέχει τρέχουσες και ακριβείς πληροφορίες στους αναγνώστες του eBook. Ο συγγραφέας και οι συνεργάτες του δεν θα θεωρηθούν υπεύθυνοι για τυχόν ακούσιο λάθος ή παραλείψεις που ενδέχεται να εντοπιστούν. Το υλικό στο eBook μπορεί να περιλαμβάνει πληροφορίες από τρίτα μέρη. Το υλικό τρίτων περιλαμβάνει απόψεις που εκφράζονται από τους ιδιοκτήτες τους. Ως εκ τούτου, ο συγγραφέας του eBook δεν αναλαμβάνει καμία ευθύνη ή ευθύνη για οποιοδήποτε υλικό ή απόψεις τρίτων.

ΠΙΝΑΚΑΣ ΠΕΡΙΕΧΟΜΕΝΩΝ

ΠΙΝΑΚΑΣ ΠΕΡΙΕΧΟΜΕΝΩΝ....3

ΕΙΣΑΓΩΓΗ....6

ΣΥΝΤΑΓΕΣ ΒΑΣΗΣ....8

1. ROUX....9
2. ΑΠΟΘΕΜΑ ΘΑΛΑΣΣΙΝΩΝ....11
3. ΑΠΟΘΕΜΑ ΠΟΥΛΕΡΙΚΩΝ....13
4. ΡΥΖΙ....15
5. ΚΡΕΟΛΙΚΟ ΚΑΡΥΚΕΥΜΑ....17

ΣΥΝΤΑΓΕΣ GUMBO....19

6. ΓΚΑΜΠΟ ΜΕ ΚΟΤΟΠΟΥΛΟ ΚΑΙ ΓΑΡΙΔΕΣ....20
7. ΜΠΑΜΙΕΣ CHICKEN GUMBO....23
8. ΟΛΛΑΝΔΙΚΟ ΧΤΕΝΙΟ ΦΟΥΡΝΟΥ....26
9. ΟΛΛΑΝΔΙΚΗ ΓΟΜΑ ΚΟΤΟΠΟΥΛΟΥ ΦΟΥΡΝΟΥ....28
10. ΟΛΛΑΝΔΙΚΗ ΓΟΜΑ ΠΑΠΙΑΣ ΦΟΥΡΝΟΥ....30
11. GULF COAST GUMBO....33
12. ΚΟΤΟΠΟΥΛΟ, ΓΑΡΙΔΕΣ ΚΑΙ TASSO GUMBO....37
13. CREOLE GUMBO....41
14. CREOLE SEAFOOD GUMBO....45
15. ΚΟΤΟΠΟΥΛΟ ΚΑΙ ANDOUILLE GUMBO....49
16. ΓΑΡΙΔΕΣ ΚΑΙ ΜΠΑΜΙΕΣ GUMBO....52
17. SUPER GUMBO....56
18. CAJUN HEN GUMBO....61
19. ΟΡΤΥΚΙ GUMBO....65
20. GUMBO Z'HERBES....69
21. FILÉ GUMBO....73
22. ΓΑΤΟΨΑΡΟ ΓΚΑΜΠΟ....76
23. ΛΑΧΑΝΟ ΓΚΑΜΠΟ....80
24. ΓΚΑΜΠΟ ΤΟΥΡΚΙΑΣ....83
25. ROUX-LESS GUMBO....87
26. ΝΤΑΚ ΚΑΙ ΑΝΤΟΥΙΓ ΓΚΑΜΠΟ....91
27. BRAISED GOOSE ΚΑΙ FOIE GRAS JAMBALAYA....95
28. ΜΑΥΡΟ ΤΖΑΜΠΑΛΑΓΙΑ....98

29. Κοτοπουλο, γαριδες και λουκανικο Jambalaya........101
30. Καραβιδες και λουκανικο Jambalaya........105
31. Πασταλαγια........108
32. Slow Cooker Jambalaya........111

ΛΑΓΝΙΑΠΠΕ........114

33. Μπισκοτα καραβιδας........115
34. Καραβιδα Étouffée........119
35. Καραβοπιτες........122
36. Βρωμικο ρυζι........126
37. Αυγα Σαρδου........129
38. Grits και Grillades........132
39. Κρεατοπιτες Natchitoches........135
40. Oyster Artichoke Gumbo........138
41. Ντυσιμο με στρειδια........141
42. Oyster Pot Pie........144
43. Oyster Rockefeller Gumbo........148
44. Κοκκινοψαρο Court Bouillon........151
45. Κοκκινα φασολια και ρυζι........155
46. Γαριδες και Γαριδες........158
47. Γαριδες Rémoulade........161
48. Ζελε πιπεριας........164
49. Γεμιστα Mirlitons........166
50. Χελωνα Γκαμπο........169
51. Ρυζι και φασολια με τηγανητα αυγα........173
52. Κατσαρολα πρωινου Huevos Rancheros........177
53. Μπολ Burrito για πρωινο με μανγκο και φασολια........181
54. Γεμιστες πιπεριες αργης κουζινας........184
55. Μικτη Bean και Rice Dip........188
56. Φασολια Pinto και Μπαλακια Ρυζι........191
57. Τηγανισμενα φασολια, ρυζι και μπαλες λουκανικου........194
58. Μακρυκοκκο Ρυζι και φασολι pinto........197
59. Κοτοπουλο λαϊμ με αυγοτηγανισμενο ρυζι με μακρια κοκκους........200
60. Μακρυκοκκο Ραϊζ Χοπιν Τζον........204
61. Φασολια και ρυζι με μεξικανικη εμπνευση........207
62. Φασολια Pinto και ρυζι με κολιανδρο........210
63. Ισπανικα φασολια και ρυζι Pinto........214
64. Ρυζι και φασολια μιας κατσαρολας........218
65. Φασολια και ρυζι Southern Pinto........221

66. ΦΑΣΟΛΙΑ PINTO ΚΑΙ ΡΥΖΙ ΚΑΙ ΛΟΥΚΑΝΙΚΟ....224
67. GALLOPINTO (ΡΥΖΙ ΚΑΙ ΦΑΣΟΛΙΑ ΝΙΚΑΡΑΓΟΥΑΣ)....227
68. ΣΑΛΤΣΑ ΦΑΣΟΛΙΩΝ & ΝΤΟΜΑΤΕΣ ΠΑΝΩ ΑΠΟ ΡΥΖΙ....231
69. ΦΑΣΟΛΙΑ CAJUN PINTO....235
70. ΡΥΖΙ & ΦΑΣΟΛΙΑ ΜΕ ΤΥΡΙ....238
71. ΦΑΣΟΛΙΑ PINTO ΚΑΙ ΡΥΖΙ ΣΑΦΡΑΝ....241
72. TACO ΚΑΡΥΚΕΥΜΑ ΡΥΖΙΟΥ ΜΕ ΦΑΣΟΛΙΑ PINTO....244
73. ΙΝΔΙΚΟ ΡΥΖΙ ΚΟΛΟΚΥΘΑΣ ΚΑΙ ΦΑΣΟΛΙΑ....247
74. ΜΕΞΙΚΑΝΙΚΑ ΦΑΣΟΛΙΑ ΚΑΟΥΜΠΟΗ....250
75. ΓΙΟΡΤΗ ΤΗΣ ΚΑΡΑΪΒΙΚΗΣ....253
76. ΤΖΑΜΑΪΚΑ ΤΖΑΚΦΡΟΥΤ ΚΑΙ ΦΑΣΟΛΙΑ ΜΕ ΡΥΖΙ....257
77. ΡΥΖΙ ΠΙΛΑΦΙ ΜΕ ΦΑΣΟΛΙΑ, ΦΡΟΥΤΑ ΚΑΙ ΞΗΡΟΥΣ ΚΑΡΠΟΥΣ....261
78. ΦΑΣΟΛΙΑ ΚΑΙ ΡΥΖΙ CHA CHA CHA ΜΠΟΛ....264
79. TURNIP STIR FRY ΜΕ ΦΑΣΟΛΙΑ....267
80. ΡΥΖΙ ΜΕ ΑΡΝΙ, ΑΝΗΘΟ ΚΑΙ ΦΑΣΟΛΙΑ....270
81. CHEESY PINTO BEANS....275
82. ΡΥΖΙ ΚΑΙ ΦΑΣΟΛΙΑ ΜΕ ΠΕΣΤΟ ΒΑΣΙΛΙΚΟΥ....278
83. ΜΠΡΙΖΟΛΑ ΜΕ ΦΑΣΟΛΙΑ ΚΑΙ ΡΥΖΙ....280
84. ΑΦΡΙΚΑΝΙΚΟ ΡΥΖΙ ΚΑΙ ΦΑΣΟΛΙΑ....284
85. TUMBLEWEED, ΦΑΣΟΛΙΑ ΚΑΙ ΣΑΛΑΤΑ ΡΥΖΙΟΥ....287
86. ΣΑΛΑΤΑ ΜΕ ΦΑΣΟΛΙΑ PINTO, ΡΥΖΙ ΚΑΙ ΛΑΧΑΝΙΚΑ....290
87. ΣΑΛΑΤΑ EDAMAME ΚΑΙ PINTO BEAN....293
88. ΣΑΛΑΤΑ ΜΕ ΡΥΖΙ ΚΑΙ ΦΑΣΟΛΙΑ ΜΕ ΚΙΜΑ CRUDITÉ....296
89. ΓΚΑΜΠΟ ΜΕ ΦΑΣΟΛΙΑ ΚΑΙ ΡΥΖΙ....299
90. CHILI CON CARNE....302
91. VEGAN RICE GUMBO....304
92. ΜΠΟΥΡΙΤΟ ΜΕ ΦΑΣΟΛΙΑ ΚΑΙ ΡΥΖΙ....308
93. ΡΟΛΑ ΡΥΖΙΟΥ ΚΑΙ ΦΑΣΟΛΙΩΝ....311
94. ΦΛΑΟΥΤΑ ΦΑΣΟΛΙΩΝ PINTO ΦΟΥΡΝΟΥ ΜΕ ΤΟΡΤΙΓΙΑ ΑΠΟ ΡΥΖΑΛΕΥΡΟ....314
95. ENCHILADAS ΜΕ ΡΥΖΙ ΚΑΙ ΦΑΣΟΛΙΑ ΜΕ ΚΟΚΚΙΝΗ ΣΑΛΤΣΑ....318
96. QUESADILLAS ΜΕ ΡΥΖΙ ΚΑΙ ΦΑΣΟΛΙΑ....322
97. ΠΕΡΟΥΒΙΑΝΟ ΚΕΪΚ TACU TACU....325
98. ΑΛΚΑΛΙΚΑ ΜΠΙΖΕΛΙΑ ΣΤΙΦΑΔΟ ΜΕ ΖΥΜΑΡΙΚΑ....329
99. ΜΠΑΜΙΕΣ ΚΑΡΥ....333
100. ΚΑΡΙ ΚΑΡΥΔΑΣ ΛΑΧΑΝΙΚΩΝ....335

ΣΥΜΠΕΡΑΣΜΑ....337

ΕΙΣΑΓΩΓΗ

Το Gumbo είναι η ουσία της μαγειρικής Creole και Cajun, το υποχρεωτικό πιάτο σε κάθε μενού εστιατορίου και η καρδιά της σπιτικής μαγειρικής. Παρουσιάζει τα καλύτερα αυτόχθονα οστρακοειδή καθώς και τοπικά λουκάνικα, πουλερικά, άγρια θηράματα και μπαχαρικά. Προέρχεται από τη Λουιζιάνα τον δέκατο όγδοο αιώνα και προέρχεται το όνομά του είτε από τη λέξη Bantu για μπάμιες (gombo) είτε από τη λέξη Choctaw για το filé (κόμπο). Τόσο οι μπάμιες όσο και το φιλέ, που είναι αλεσμένα φύλλα sassafras που χρησιμοποιούν οι Ιθαγενείς Αμερικανοί, χρησιμεύουν ως πυκνωτικά για το gumbo, μαζί με το roux, μια βάση από αλεύρι που ροδίζεται σε λάδι. Το πιο κοινό πυκνωτικό είναι το roux, το οποίο μοιάζει με το σάλτσα. Ο βαθμός στον οποίο ροδίζει καθορίζει το χρώμα του κόμμεος. Οι ντόπιοι μάγειρες συχνά το παίρνουν σε ένα σκούρο καφέ χρώμα που δίνει στο τελικό προϊόν μια βαθιά και δυνατή γεύση. Παραδοσιακά, κρεμμύδια, σέλινο, και η πιπεριά (γνωστή ως η τριάδα της τοπικής μαγειρικής) συν το σκόρδο τσιγαρίζονται στο roux και προστίθεται ζωμός για να γίνει ένα Gumbo. Συστατικά που κυμαίνονται από οστρακοειδή μέχρι πουλερικά και άγρια θηράματα δημιουργούν τον τύπο και τη γεύση της γκάμπου. Τα καρυκεύματα όπως το πιπέρι καγιέν, το θυμάρι και το φύλλο δάφνης αλλοιώνουν τη γεύση του πιάτου για να ευχαριστήσουν τον μάγειρα και η γόμα σερβίρεται σε μπολ πάνω από ρύζι.

Τα πιο χαρακτηριστικά στυλ gumbo είναι το Creole (Νέα Ορλεάνη) και το Cajun (νοτιοδυτική Λουιζιάνα). Το Creole χρησιμοποιεί ντομάτες και ο Cajun όχι. Επομένως, το ένα είναι καφέ και το άλλο είναι ένα κοκκινοκαφέ. Το Creole gumbo τείνει να έχει μια πιο λεπτή βάση, ενώ ένα gumbo Cajun είναι πιο εγκάρδιο, πιο σκούρο και μερικές φορές πιο παχύ, και είναι πιο κατάλληλο να χρησιμοποιεί θηράματα όπως οι αγριόπαπιες. Στη νότια Λουιζιάνα, τα gumbo σερβίρονται σε όλα τα τραπέζια, πλούσια ή φτωχά, και στα περισσότερα εστιατόρια, πολυτελή ή άλλα.

ΣΥΝΤΑΓΕΣ ΒΑΣΗΣ

1. Roux

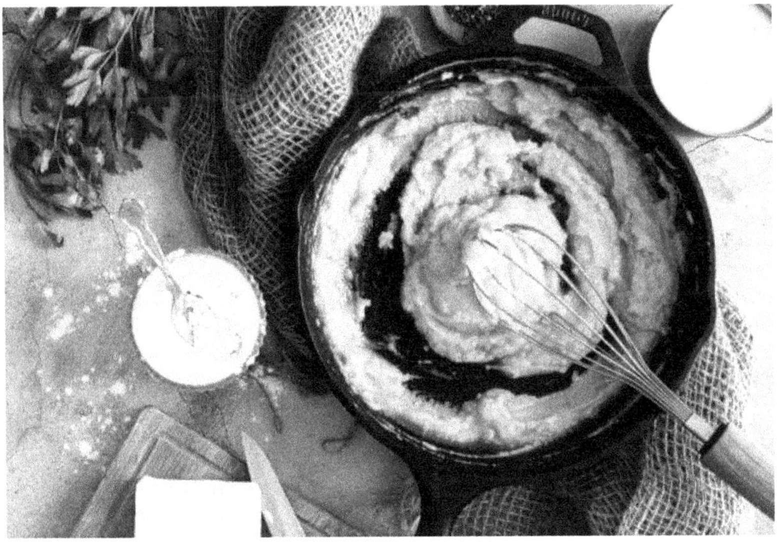

ΚΑΝΕΙ ΠΕΡΙΠΟΥ 1 ΦΛΙΤΖΑΝΙ

ΣΥΣΤΑΤΙΚΑ

1/2 φλιτζάνι φυτικό λάδι

1/2 φλιτζάνι αλεύρι για όλες τις χρήσεις

ΚΑΤΕΥΘΥΝΣΕΙΣ

Ζεσταίνουμε το λάδι σε μια μεγάλη, βαριά κατσαρόλα σε δυνατή φωτιά. προσθέτουμε το αλεύρι και ανακατεύουμε συνεχώς μέχρι να αρχίσει να ροδίζει το μείγμα. Χαμηλώνουμε τη φωτιά σε μέτρια ή μέτρια-χαμηλή και μαγειρεύουμε, ανακατεύοντας συνεχώς, μέχρι το roux να γίνει μέτριο-καφέ ή στο χρώμα του φυστικοβούτυρου ή της σοκολάτας γάλακτος.

Εάν προτιμάτε ένα πιο σκούρο gumbo, συνεχίστε το ρόφημα μέχρι το roux να πάρει ένα σκούρο σοκολατί χρώμα. Όσο πιο σκούρο είναι το roux, τόσο πιο λεπτό θα είναι το gumbo. Μην κάψετε το roux, αλλιώς θα καταστρέψει τη γεύση του gumbo. Αν μυρίζει καμένο, έχει ψηθεί πολύ. Τα περισσότερα gumbos είναι νόστιμα και ελαφρώς παχιά όταν το roux έχει το χρώμα της σοκολάτας γάλακτος.

2. Απόθεμα θαλασσινών

ΚΑΝΕΙ 5 ΦΛΙΤΖΑΝΙΕΣ

ΣΥΣΤΑΤΙΚΑ

1 1/2 κιλό κοχύλια από γαρίδες, καραβίδες ή καβούρια

ΚΑΤΕΥΘΥΝΣΕΙΣ

Τοποθετούμε τα κοχύλια σε μια μέτρια κατσαρόλα και τα σκεπάζουμε με κρύο νερό. Αφήστε να πάρει μια βράση. Σκεπάζουμε, χαμηλώνουμε τη φωτιά σε μέτρια προς χαμηλή και σιγοβράζουμε για 30 λεπτά. Ενταση.

3. Απόθεμα πουλερικών

ΚΑΝΕΙ 8 ΚΟΥΠΕΛΕΣ

ΣΥΣΤΑΤΙΚΑ

3 κιλά κόκαλα κοτόπουλου, γαλοπούλας ή πάπιας

1 μεγάλο κρεμμύδι, ξεφλουδισμένο και κομμένο στα τέσσερα

2 κοτσάνια σέλινου, κομμένα στη μέση

2 καρότα, κομμένα στα τέσσερα

1/2 κουταλιά της σούπας κόκκους μαύρου πιπεριού

2 μεγάλες σκελίδες σκόρδο, κομμένες στη μέση

10 φλιτζάνια κρύο νερό

ΚΑΤΕΥΘΥΝΣΕΙΣ

Βάζουμε όλα τα υλικά σε μια κατσαρόλα 6 λίτρων. Αφήστε να πάρει μια βράση. Χαμηλώνουμε τη φωτιά σε μέτρια προς χαμηλή, σκεπάζουμε την κατσαρόλα με το καπάκι λοξά και σιγοβράζουμε για 2 1/2 ώρες. Όταν κρυώσει αρκετά για να το χειριστείτε, στραγγίστε. Ψύξτε τελείως και ξαφρίστε το λίπος από πάνω. Αν το κάνετε μπροστά, το βάζετε στο ψυγείο και αφαιρείτε το στερεό λίπος.

4. Ρύζι

ΚΑΝΕΙ 6-8 ΜΕΡΙΔΕΣ

ΣΥΣΤΑΤΙΚΑ

2 φλιτζάνια νερό

2 φλιτζάνια εμπλουτισμένο μακρόσκοκο ρύζι

1/2 κουταλάκι του γλυκού αλάτι

ΚΑΤΕΥΘΥΝΣΕΙΣ

Σε μια μικρή κατσαρόλα με καπάκι, βάζετε το νερό να βράσει. Προσθέτουμε το ρύζι και το αλάτι. Χαμηλώνουμε τη φωτιά, σκεπάζουμε και σιγοβράζουμε στη χαμηλότερη φωτιά μέχρι να απορροφηθεί το νερό, περίπου 20 λεπτά. Δεν χρειάζεται ανακάτεμα.

5. Κρεολικό καρύκευμα

ΚΑΝΕΙ 2 1/2 ΟΥΓΚΙΑ

ΣΥΣΤΑΤΙΚΑ

2 κουταλιές της σούπας αλάτι

2 κουταλάκια του γλυκού πιπέρι καγιέν

4 κουταλάκια του γλυκού φρεσκοτριμμένο μαύρο πιπέρι

4 κουταλάκια του γλυκού σκόρδο σε σκόνη

4 κουταλάκια του γλυκού πάπρικα, γλυκιά ή καυτή, ή για γεύση

4 κουταλάκια του γλυκού αλάτι σέλινο

2 κουταλάκια του γλυκού τσίλι σε σκόνη

ΚΑΤΕΥΘΥΝΣΕΙΣ

Χτυπάμε όλα τα υλικά σε ένα μεσαίο μπολ. Αποθηκεύστε σε ένα καθαρό μπουκάλι μπαχαρικών 2 1/2 ουγγιάς. Το καρύκευμα θα διατηρήσει τη δύναμή του για αρκετούς μήνες.

ΣΥΝΤΑΓΕΣ GUMBO

6. Γκάμπο με κοτόπουλο και γαρίδες

ΣΕΡΒΙΖΕΙ 4

ΣΥΣΤΑΤΙΚΆ

2 κουταλιές της σούπας λάδι κανόλα

$\frac{1}{4}$ φλιτζάνι αλεύρι για όλες τις χρήσεις

1 μέτριο κρεμμύδι, κομμένο σε κύβους

1 πράσινη πιπεριά, ξεσποριασμένη και κομμένη σε κύβους

2 κοτσάνια σέλινο, κομμένο σε κύβους

3 σκελίδες σκόρδο, ψιλοκομμένες

1 κουταλιά της σούπας φρέσκο θυμάρι ψιλοκομμένο

$\frac{1}{4}$ έως $\frac{1}{2}$ κουταλάκι του γλυκού πιπέρι καγιέν

$\frac{1}{2}$ φλιτζάνι λευκό ξηρό κρασί

1 (14 ουγγιά) κουτί ντομάτες σε κύβους χωρίς προσθήκη αλατιού

2 φλιτζάνια νερό

1 (10 ουγκιές) συσκευασία κατεψυγμένες μπάμιες κομμένες σε φέτες

4 ουγγιές καπνιστό λουκάνικο andouille, κομμένο σε κύβους

1 κιλό μέτριες γαρίδες, ξεφλουδισμένες και ξεφλουδισμένες

$1\frac{1}{2}$ κιλό μαγειρεμένο στήθος κοτόπουλου, κομμένο σε κύβους

ΚΑΤΕΥΘΎΝΣΕΙΣ

Ζεσταίνουμε το λάδι σε μια μεγάλη κατσαρόλα ή ολλανδικό φούρνο σε μέτρια προς δυνατή φωτιά. Προσθέστε το αλεύρι και μαγειρέψτε, ανακατεύοντας συνεχώς.

Προσθέστε το κρεμμύδι, την πιπεριά, το σέλινο και το σκόρδο και μαγειρέψτε, ανακατεύοντας κατά διαστήματα, μέχρι να μαλακώσουν τα κρεμμύδια, περίπου 5 λεπτά.

Προσθέστε το θυμάρι και το καγιέν και μαγειρέψτε για 1 λεπτό ακόμα. Ανακατεύουμε με το κρασί και αφήνουμε να πάρει μια βράση, ανακατεύοντας κατά διαστήματα.

Προσθέτουμε τις ντομάτες με το χυμό τους, το νερό και τις μπάμιες και σιγοβράζουμε, ακάλυπτες, για περίπου 15 λεπτά. Προσθέστε το λουκάνικο και τις γαρίδες και σιγοβράστε για περίπου 5 λεπτά ακόμα.

Ρίξτε μέσα το μαγειρεμένο κοτόπουλο και συνεχίστε να σιγοβράζετε, ανακατεύοντας κατά διαστήματα, μέχρι να ζεσταθεί το κοτόπουλο και οι γαρίδες να γίνουν αδιαφανείς.

7. Μπάμιες Chicken Gumbo

ΣΥΣΤΑΤΙΚΆ

- 1 κιλό μέτριες γαρίδες καθαρισμένες
- 1/2 κιλό στήθη κοτόπουλου χωρίς δέρμα και κόκαλα
- 1/2 φλκαρύδαλάδι
- 3/4 φλαμύγδαλοαλεύρι
- 2 φλιτζάνια κρεμμύδια ψιλοκομμένα
- 1 φλιτζάνι σέλινο ψιλοκομμένο
- 1 φλιτζάνι πράσινη πιπεριά ψιλοκομμένη
- 1 κουταλάκι του γλυκού αλεσμένο κύμινο
- 1 κουταλιά της σούπας ψιλοκομμένο φρέσκο σκόρδο
- 1 κουταλάκι φρέσκο θυμάρι ψιλοκομμένο
- 1/2 κουταλάκι του γλυκού κόκκινο πιπέρι
- 6 φλιτζάνια ζωμό κότας
- 2 κούπες ντομάτες κομμένες σε κύβους
- 3 φλιτζάνια μπάμιες κομμένες σε φέτες
- 1/2 φλιτζάνι φρέσκο μαϊντανό ψιλοκομμένο
- 2 φύλλα δάφνης
- 1 κουταλάκι του γλυκού καυτερή σάλτσα

ΚΑΤΕΥΘΎΝΣΕΙΣ

a) Σοτάρετε το κοτόπουλο σε δυνατή φωτιά μέχρι να ροδίσει σε μια μεγάλη κατσαρόλα. Αφαιρούμε και αφήνουμε στην άκρη. Ψιλοκόβουμε τα κρεμμύδια, το σέλινο και την πράσινη πιπεριά και τα αφήνουμε στην άκρη.

b) Σε μια κατσαρόλα βάζουμε το λάδι και το αλεύρι. Ανακατεύουμε καλά και ροδίζουμε να γίνει ένα ρου. Όταν γίνει το roux προσθέτουμε τα ψιλοκομμένα λαχανικά. Σοτάρουμε σε χαμηλή φωτιά για 10 λεπτά.

c) Προσθέστε σιγά σιγά το ζωμό κότας ανακατεύοντας συνεχώς.

d) Προσθέτουμε το κοτόπουλο και όλα τα υπόλοιπα υλικά εκτός από τις μπάμιες, τις γαρίδες και τον μαϊντανό, που θα τα κρατήσουμε για το τέλος.

e) Σκεπάζουμε και σιγοβράζουμε για μισή ώρα. Αφαιρέστε το καπάκι και μαγειρέψτε για μισή ώρα ακόμα, ανακατεύοντας κατά διαστήματα.

f) Προσθέστε τις γαρίδες, τις μπάμιες και τον μαϊντανό. Συνεχίζουμε το μαγείρεμα σε χαμηλή φωτιά χωρίς σκέπασμα για 15 λεπτά.

8. Ολλανδικό χτένιο φούρνου

ΣΥΝΟΛΙΚΟΣ ΧΡΟΝΟΣ ΜΑΓΕΙΡΕΜΑΤΟΣ: 36 ΛΕΠΤΑ
ΜΕΡΙΔΕΣ: 4
ΕΞΟΠΛΙΣΜΟΣ: ΟΛΛΑΝΔΙΚΟΣ ΦΟΥΡΝΟΣ 12 ΙΝΤΣΩΝ

ΣΥΣΤΑΤΙΚΆ

2 κιλά βρεφικά χτένια
3 κουταλιές της σούπας αλεύρι
2 κρεμμύδια, ψιλοκομμένα
2 πιπεριές, ψιλοκομμένες
1/2 φλιτζάνι σέλινο, ψιλοκομμένο
2 κιλά μπάμιες, κομμένες σε φέτες
4 κουταλιές της σούπας μαγειρικό λάδι
3 ντομάτες, κομμένες σε φέτες
Σκόρδο ψιλοκομμένο, 2 σκελίδες
Ρίξε αλάτι, πιπέρι

ΚΑΤΕΥΘΎΝΣΕΙΣ

Φτιάχνουμε ένα ρου με αλεύρι και μαγειρικό λάδι.
Προσθέστε την πιπεριά, το κρεμμύδι και το σκόρδο μαζί με νερό, αλάτι και πιπέρι.
Προσθέστε το σέλινο, τις μπάμιες και την ντομάτα και μαγειρέψτε για 30 λεπτά με το καπάκι.
Προσθέστε τα χτένια και σιγοβράστε για άλλα 6 λεπτά.

9. Ολλανδική γόμα κοτόπουλου φούρνου

ΣΥΝΟΛΙΚΟΣ ΧΡΟΝΟΣ ΜΑΓΕΙΡΕΜΑΤΟΣ: 15 ΛΕΠΤΑ
ΜΕΡΙΔΙΕΣ: 6
ΕΞΟΠΛΙΣΜΟΣ: ΟΛΛΑΝΔΙΚΟΣ ΦΟΥΡΝΟΣ 12 ΙΝΤΣΩΝ

ΣΥΣΤΑΤΙΚΆ

2 κουταλιές της σούπας μαγειρικό λάδι
1 φλιτζάνι σέλινο, ψιλοκομμένο
2 κιλά μπάμιες, κομμένες σε φέτες
Σκόρδο ψιλοκομμένο, 2 σκελίδες
3 ντομάτες, κομμένες σε φέτες
2 κουταλιές της σούπας αλεύρι
2 κιλά στήθη κοτόπουλου, κομμένα σε κύβους
Αλατοπίπερο
2 πιπεριές, ψιλοκομμένες
2 κρεμμύδια, ψιλοκομμένα

ΚΑΤΕΥΘΎΝΣΕΙΣ

Φτιάχνουμε ένα ρου με αλεύρι και μαγειρικό λάδι. Μαγειρέψτε ανακατεύοντας συχνά μέχρι να ροδίσουν.
Προσθέστε την πιπεριά, το κρεμμύδι και το σκόρδο μαζί με νερό, αλάτι και πιπέρι.
Προσθέστε το σέλινο, τις μπάμιες και την ντομάτα.
Αφού προσθέσετε το κοτόπουλο, μαγειρέψτε για άλλα 6 λεπτά.

10. Ολλανδική γόμα πάπιας φούρνου

ΣΥΝΟΛΙΚΟΣ ΧΡΟΝΟΣ ΜΑΓΕΙΡΕΜΑΤΟΣ: 2 ΩΡΕΣ 20 ΛΕΠΤΑ
ΜΕΡΙΔΙΕΣ: 12
ΕΞΟΠΛΙΣΜΟΣ: ΟΛΛΑΝΔΙΚΟΣ ΦΟΥΡΝΟΣ 12 ΙΝΤΣΩΝ

ΣΥΣΤΑΤΙΚΆ

ΠΑΠΙΑ:

2 φύλλα δάφνης
3 κουταλάκια του γλυκού αλάτι
3 πάπιες
2 παϊδάκια σέλινο
1 γαλόνι νερό
1 κρεμμύδι, κομμένο στα τέσσερα
1 κουταλάκι του γλυκού Πιπέρι
2 καρότα

ΜΠΑΜΙΑ:

1 φλιτζάνι λάδι
$\frac{1}{4}$ φλιτζανιού ψιλοκομμένο μαϊντανό
1 φλιτζάνι αλεύρι
Σκόρδο ψιλοκομμένο, 2 σκελίδες
$\frac{1}{2}$ φλιτζάνι σέλινο, ψιλοκομμένο
1 φλιτζάνι πιπεριά κομμένη σε κύβους
2 φλιτζάνια μαγειρεμένο ρύζι
1 πόντο στρείδια και ποτό
1-λίρα μπάμιες, κομμένες σε φέτες
1 φλιτζάνι κρεμμύδι, κομμένο σε κύβους
4 κουταλιές της σούπας λίπος μπέικον
1 κιλό ωμές και αποφλοιωμένες γαρίδες

ΚΑΤΕΥΘΎΝΣΕΙΣ:

ΠΑΠΙΑ

Μαγειρέψτε την πάπια, το κρεμμύδι, τα φύλλα δάφνης, το σέλινο, το αλάτι και το πιπέρι για περίπου 1 ώρα.

ΓΙΑ GUMBO:

Ανακατέψτε το αλεύρι και το λάδι χρησιμοποιώντας έναν ολλανδικό φούρνο.

Προσθέστε σκόρδο, κρεμμύδι, σέλινο και πράσινη πιπεριά. σοτάρουμε τις μπάμιες σε λίπος μπέικον για 20 λεπτά.

Ζεσταίνουμε τον ζωμό σε μια κατσαρόλα Gumbo πριν προσθέσουμε το ρου και το μείγμα λαχανικών.

Μαγειρεύουμε για 1 ώρα σκεπασμένα με τις μπάμιες.

Προσθέστε τις γαρίδες, τα στρείδια και το λικέρ.

11. Gulf Coast Gumbo

ΚΑΝΕΙ 8 ΜΕΡΙΔΕΣ

ΣΥΣΤΑΤΙΚΑ

1 φλιτζάνι φυτικό λάδι

1 1/2 φλιτζάνι αλεύρι για όλες τις χρήσεις

2 1/2 φλιτζάνια κρεμμύδι ψιλοκομμένο

1 1/2 φλιτζάνι σέλινο ψιλοκομμένο

1 1/2 φλιτζάνι ψιλοκομμένη πράσινη πιπεριά

3 κουταλιές της σούπας σκόρδο ψιλοκομμένο

1 κουταλάκι του γλυκού Emeril's Original Essence ή άλλο καρύκευμα κρεόλ

1 1/2 κουταλάκι του γλυκού αλάτι

1 κουταλάκι του γλυκού φρεσκοτριμμένο μαύρο πιπέρι

1/2 κουταλάκι του γλυκού πιπέρι καγιέν

2 φύλλα δάφνης

1 κουταλάκι του γλυκού αποξηραμένο θυμάρι

1 κουταλάκι του γλυκού αποξηραμένη ρίγανη

1 κιλό καπνιστό λουκάνικο, κομμένο σε γύρους πάχους 1/2 ίντσας

1 κιλό καβούρια gumbo, κομμένα στο μισό (βλ. Σημείωση)

10 φλιτζάνια ζωμό γαρίδας ή νερό

1 κιλό μαγειρεμένες ουρές καραβίδας Λουιζιάνα, με οποιοδήποτε λίπος

1 κιλό αποφλοιωμένες γαρίδες του Κόλπου

1/2 φλιτζάνι φρέσκα κρεμμυδάκια ψιλοκομμένα, συν περισσότερο για το σερβίρισμα

1/4 φλιτζάνι ψιλοκομμένα φύλλα φρέσκου μαϊντανού, συν περισσότερο για το σερβίρισμα

Λευκό ρύζι στον ατμό, για το σερβίρισμα

ΚΑΤΕΥΘΥΝΣΕΙΣ

Ζεσταίνουμε ένα μεγάλο ολλανδικό φούρνο ή μια κατσαρόλα Gumbo με βαρύ πάτο σε δυνατή φωτιά για 1 λεπτό. Προσθέστε προσεκτικά το λάδι και στη συνέχεια χτυπήστε το αλεύρι. Χαμηλώνουμε τη φωτιά σε μέτρια προς δυνατή και ανακατεύουμε συνεχώς το αλεύρι, ξύνοντας κάθε κομμάτι από τον πάτο του τηγανιού, μέχρι το roux να ροδίσει ομοιόμορφα και το χρώμα του σκούρου φυστικοβούτυρου, περίπου 15 λεπτά. Αν το αλεύρι αρχίζει να χρωματίζει πολύ γρήγορα, χαμηλώνουμε τη φωτιά σε μέτρια. Είναι σημαντικό να προσέχετε το roux και να μαγειρεύετε προσεκτικά για να μην καεί. Μόλις πάρει το επιθυμητό χρώμα, προσθέστε το κρεμμύδι, το σέλινο, την πιπεριά, το σκόρδο, το Essence, αλάτι, πιπέρι, καγιέν, τα φύλλα δάφνης, το θυμάρι, τη ρίγανη και το λουκάνικο. Συνεχίστε το μαγείρεμα για 5-7 λεπτά περισσότερο ή μέχρι να μαλακώσουν τα λαχανικά.

Προσθέστε τα καβούρια και τον ζωμό στον ολλανδικό φούρνο και αφήστε να πάρει μια βράση. Χαμηλώνουμε τη φωτιά σε ένα σταθερό βράσιμο και μαγειρεύουμε μέχρι να ενωθούν οι γεύσεις και η σάλτσα να γίνει βελούδινη και λεία, περίπου 2 ώρες, προσθέτοντας επιπλέον ζωμό ή νερό, αν η κόμμεα γίνει πολύ πηχτή κατά τη διάρκεια του μαγειρέματος. Το πάχος μιας γόμας είναι θέμα προσωπικού γούστου. Σε μερικούς λαούς αρέσει ένα πολύ παχύ κόμμι, ενώ άλλοι προτιμούν ένα λεπτό, ζωμό κόμμι. Προσθέστε την ποσότητα του υγρού που ταιριάζει στις προτιμήσεις σας.

Όταν η γόμα είναι αρωματική και έχει ακριβώς το σωστό πάχος, ανακατέψτε τις καραβίδες και τις γαρίδες και μαγειρέψτε μέχρι να ψηθούν οι γαρίδες, 2-3 λεπτά περισσότερο. Ανακατεύουμε τα πράσινα κρεμμυδάκια και τον μαϊντανό. Δοκιμάστε και προσαρμόστε το καρύκευμα, αν χρειάζεται.

Σερβίρετε το gumbo πάνω σε μπολ με ρύζι στον ατμό με επιπλέον ψιλοκομμένο μαϊντανό και φρέσκα κρεμμυδάκια όπως επιθυμείτε.

12. Κοτόπουλο, γαρίδες και Tasso Gumbo

ΚΑΝΕΙ 6-8 ΜΕΡΙΔΕΣ

ΣΥΣΤΑΤΙΚΑ

4 μπούτια κοτόπουλου χωρίς κόκαλα, κομμένα σε κομμάτια 2 ιντσών με το δέρμα

2 κουταλάκια του γλυκού αλάτι kosher

1/2 κουταλάκι του γλυκού πάπρικα

1/2 κουταλάκι του γλυκού φρεσκοτριμμένο μαύρο πιπέρι

1 1/2 φλιτζάνι φυτικό λάδι

2 1/4 φλιτζάνια αλεύρι για όλες τις χρήσεις, χωρισμένο

1 κιλό τάσο κομμένο σε κύβους

1 μέτριο κρεμμύδι, σε μικρά κυβάκια

2 πιπεριές poblano, κομμένες σε κύβους

1 μικρό jalapeño, σε κύβους

3 κοτσάνια σέλινου, κομμένα σε κύβους

4 σκελίδες σκόρδο, ψιλοκομμένες

2-3 κουταλάκια του γλυκού αλάτι kosher (προσθέστε 2, δοκιμάστε και προσθέστε το άλλο αν χρειάζεται)

1 1/2 κουταλάκι του γλυκού φρεσκοτριμμένο μαύρο πιπέρι

1 κουταλάκι του γλυκού πιπέρι καγιέν

1 κουταλάκι του γλυκού πάπρικα

1 κουταλάκι του γλυκού αποξηραμένο θυμάρι

1 κουταλάκι του γλυκού φιλέ σε σκόνη

6 φύλλα δάφνης

1 γαλόνι ζωμός κοτόπουλου (ή μισός ζωμός γαρίδας και μισός ζωμός κοτόπουλου)

1 κιλό αποφλοιωμένες γαρίδες Λουιζιάνα

Αλατοπιπερώνουμε το κοτόπουλο με πάπρικα.

ΚΑΤΕΥΘΥΝΣΕΙΣ

Ζεστάνετε το λάδι σε μια κατσαρόλα με βαρύ πάτο 2 γαλονιών σε μέτρια προς υψηλή θερμοκρασία. το λάδι πρέπει να τσιτσιρίζει απαλά όταν είναι έτοιμο.

Περιχύνουμε το κοτόπουλο με 1/2 φλιτζάνι αλεύρι και τηγανίζουμε και από τις δύο πλευρές στο λάδι μέχρι να ροδίσει και μετά το αφαιρούμε σε απορροφητικό χαρτί. Δεν χρειάζεται να μαγειρευτεί σε αυτό το σημείο. Προσθέστε το περιττό αλεύρι από το καρύκευμα του κοτόπουλου στο υπόλοιπο αλεύρι και προσθέστε το στο λάδι. Ανακατεύουμε σε μέτρια φωτιά για περίπου 40 λεπτά, ή μέχρι το roux να πάρει ένα βαθύ κοκκινωπό καφέ, αλλά όχι πολύ σκούρο.

Αφού το ρου πάρει το σωστό χρώμα, προσθέστε το τάσο, τα λαχανικά και όλα τα μπαχαρικά (κρατώντας λίγο αλάτι, γιατί κάποιο τάσο είναι πιο πικάντικο από άλλα) και μαγειρέψτε για περίπου 4 λεπτά.

Χτυπάμε με τον ζωμό και αφήνουμε να σιγοβράσει, φροντίζοντας να ανακατέψετε τον πάτο της κατσαρόλας καθώς η γόμα σιγοβράζει για να μην κολλήσει. Σιγοβράζουμε για περίπου 30 λεπτά ενώ ξαφρίζουμε όλο το λίπος που ανεβαίνει στην επιφάνεια.

Προσθέστε το μαγειρεμένο κοτόπουλο και τις γαρίδες σε αυτό το σημείο και σιγοβράστε για άλλα 45 λεπτά, εξακολουθώντας να ξαφρίζετε το λίπος που επιπλέει μέχρι την κορυφή.

Σερβίρετε αμέσως ή την επόμενη μέρα με λίγο ρύζι στον ατμό και μια πλευρά κρεμώδη πατατοσαλάτα. Ο σεφ Link λέει: «Μου αρέσει να βουτάω την πατατοσαλάτα μου στην τσίχλα».

13. Creole Gumbo

ΚΑΝΕΙ 8-10 ΜΕΡΙΔΕΣ

ΣΥΣΤΑΤΙΚΑ

1/2 κιλό chaurice, κομμένο σε κομμάτια μεγέθους μπουκιάς

1/2 κιλό καπνιστό λουκάνικο, κομμένο σε μπουκιές

1/2 κιλό μοσχαρίσιο κρέας στιφάδο

1/2 κιλό τσίκνα κοτόπουλου, ψιλοκομμένα

1 κιλό καβούρια gumbo

1/2 φλιτζάνι φυτικό λάδι

1/2 φλιτζάνι αλεύρι για όλες τις χρήσεις

2 μεγάλα κρεμμύδια, ψιλοκομμένα

3 λίτρα νερό, ή περισσότερο κατά βούληση

8 φτερούγες κοτόπουλου, κομμένες στις ενώσεις και πεταμένες τις μύτες

1/2 κιλό καπνιστό ζαμπόν, κομμένο σε κομμάτια 1/2 ίντσας

1 κουταλιά της σούπας πάπρικα

1 κουταλάκι του γλυκού αποξηραμένο θυμάρι

1 κουταλάκι του γλυκού αλάτι

3 σκελίδες σκόρδο, ψιλοκομμένες

1 κιλό μέτριες γαρίδες, ξεφλουδισμένες και ξεφλουδισμένες

2 ντουζίνες στρείδια με το ποτό τους

1/4 φλιτζάνι ψιλοκομμένο φρέσκο πλατύφυλλο μαϊντανό

1 κουταλιά της σούπας φιλέ σε σκόνη

Μαγειρεμένο μακρόσκοκο λευκό ρύζι, για το σερβίρισμα

ΚΑΤΕΥΘΥΝΣΕΙΣ

Τοποθετήστε τα λουκάνικα, το μοσχάρι, τα στομάχια και τα καβούρια σε μια μεγάλη, βαριά κατσαρόλα. Σκεπάζουμε και μαγειρεύουμε σε μέτρια φωτιά για 30 λεπτά, ανακατεύοντας κατά διαστήματα. Δεν θα χρειαστείτε επιπλέον λίπος, καθώς το κρέας θα είναι αρκετό για το μαγείρεμα.

Όσο ψήνονται τα κρέατα, φτιάχνουμε ένα ρου: ζεσταίνουμε το λάδι σε ένα τηγάνι, προσθέτουμε το αλεύρι και ανακατεύουμε συνεχώς σε μέτρια φωτιά μέχρι το ρου να γίνει λείο και σκούρο καφέ χρώμα. Προσθέστε τα κρεμμύδια και μαγειρέψτε σε χαμηλή φωτιά μέχρι να μαλακώσουν. Αδειάζετε το περιεχόμενο του τηγανιού στην κατσαρόλα που κρατάτε το κρέας, ανακατεύοντας καλά. Ανακατεύουμε σιγά σιγά το νερό και το αφήνουμε να πάρει μια βράση. Προσθέστε τις φτερούγες κοτόπουλου, το ζαμπόν, την πάπρικα, το θυμάρι, το αλάτι και το σκόρδο, ανακατέψτε απαλά και χαμηλώστε τη φωτιά. σκεπάζουμε και σιγοβράζουμε για 45 λεπτά. Εάν προτιμάτε ένα πιο λεπτό κόμμι, προσθέστε περισσότερο νερό τώρα.

Προσθέστε τις γαρίδες και τα στρείδια και μαγειρέψτε για αρκετά λεπτά ακόμα—προσέξτε να γίνουν ροζ οι γαρίδες και τα στρείδια να κατσαρώσουν—και θα γίνουν σκληρές. Αποσύρουμε την κατσαρόλα από τη φωτιά, ρίχνουμε τον μαϊντανό και το φιλέ σε σκόνη και απολαμβάνουμε σε μπολ πάνω από ζεστό ρύζι.

14. Creole Seafood Gumbo

ΚΑΝΕΙ 6-8 ΜΕΡΙΔΕΣ

ΣΥΣΤΑΤΙΚΑ

6 μέτρια μπλε καβούρια ή κατεψυγμένα καβούρια, αποψυγμένα

2 1/2 κιλά γαρίδες σε κέλυφος με κεφάλια

2 ντουζίνες μεσαίου προς μεγάλου μεγέθους στρείδια με το ποτό τους

1 φλιτζάνι συν 1 κουταλιά της σούπας canola ή άλλο φυτικό λάδι, χωρισμένο

2 φλιτζάνια μπάμιες κομμένες σε φέτες, φρέσκες ή κατεψυγμένες και ξεπαγωμένες

1 φλιτζάνι αλεύρι για όλες τις χρήσεις

1 μεγάλο κρεμμύδι, ψιλοκομμένο

1 ματσάκι φρέσκα κρεμμυδάκια, ψιλοκομμένα, χωρισμένα τα λευκά και πράσινα μέρη

1 πράσινη πιπεριά, ψιλοκομμένη

2 κοτσάνια σέλινου, ψιλοκομμένα

4 μεγάλες σκελίδες σκόρδο, ψιλοκομμένες

2 μεγάλες φρέσκες ντομάτες την εποχή τους, ξεφλουδισμένες και ψιλοκομμένες ή 1 (16 ουγκιές) κονσέρβα ντομάτα με χυμό

3 φύλλα δάφνης

1 κουταλάκι του γλυκού ιταλικό καρύκευμα

Αλάτι, φρεσκοτριμμένο μαύρο πιπέρι και καρυκεύματα κρεόλ, για γεύση

1/4 φλιτζάνι ψιλοκομμένο πλατύφυλλο μαϊντανό

Μαγειρεμένο μακρόσκοκο λευκό ρύζι, για το σερβίρισμα

ΚΑΤΕΥΘΥΝΣΕΙΣ

Προετοιμάστε τα καβούρια όπως περιγράφεται στην ενότητα «Προετοιμασία καβουριών», σελίδα 23.

Αφαιρέστε το κεφάλι, ξεφλουδίστε και αφαιρέστε τις γαρίδες, τοποθετώντας τα κεφάλια και τα κοχύλια σε μια μεσαία κατσαρόλα. Προσθέστε αρκετό νερό ώστε να καλύψει τα κοχύλια κατά τουλάχιστον 2 ίντσες και αφήστε να πάρει μια βράση. Σκεπάζουμε, χαμηλώνουμε τη φωτιά και σιγοβράζουμε για 30 λεπτά. Όταν κρυώσει ελαφρώς, σουρώνουμε το ζωμό σε ένα μεγάλο μεζούρα και πετάμε τα κελύφη.

Σουρώνουμε τα στρείδια και προσθέτουμε το λικέρ στον ζωμό γαρίδας. Προσθέστε αρκετό νερό για να φτιάξετε 7 ή 8 φλιτζάνια υγρό σε αυτό το σημείο (ανάλογα με το πόσο παχύρρευστο σας αρέσει). Ελέγξτε τα στρείδια για θραύσματα κελύφους.

Ζεσταίνουμε 1 κουταλιά της σούπας λάδι σε ένα φαρδύ τηγάνι (όχι αντικολλητικό) και προσθέτουμε τις μπάμιες. Σοτάρετε σε μέτρια φωτιά, ανακατεύοντας κατά διαστήματα, μέχρι να εξαφανιστεί όλη η κολλώδης ουσία, περίπου 15 λεπτά. Αποσύρουμε από τη φωτιά.

Ζεσταίνουμε το υπόλοιπο λάδι σε μια μεγάλη, βαριά κατσαρόλα σε δυνατή φωτιά. προσθέτουμε το αλεύρι και ανακατεύουμε συνεχώς μέχρι να αρχίσει να ροδίζει το ρου. Χαμηλώνουμε τη φωτιά σε μέτρια ή μέτρια προς χαμηλή και μαγειρεύουμε, ανακατεύοντας συνεχώς, μέχρι το roux να πάρει το χρώμα της μαύρης σοκολάτας.

Προσθέστε τα κρεμμύδια, τα λευκά μέρη των φρέσκων κρεμμυδιών, την πιπεριά και το σέλινο και μαγειρέψτε, ανακατεύοντας, μέχρι να γίνουν διάφανα. Προσθέστε το σκόρδο και μαγειρέψτε ένα λεπτό ακόμα. Προσθέστε τις ντομάτες και το λικέρ στρειδιών, τον ζωμό γαρίδας και τον συνδυασμό νερού μέχρι να επιτευχθεί μια ελαφρώς πυκνή και λεία συνοχή.

Προσθέστε τις μπάμιες, τα καβούρια, τα φύλλα δάφνης και τα ιταλικά καρυκεύματα και αλατοπιπερώστε και τα καρυκεύματα κρεόλ. σκεπάζουμε και σιγοβράζουμε για 40 λεπτά.

Προσθέστε τις γαρίδες και σιγοβράστε για άλλα 5 λεπτά. Προσθέστε τα στρείδια και σιγοβράστε μέχρι να καμπυλώσουν, περίπου 3 λεπτά.

Σβήνουμε τη φωτιά, αφαιρούμε τα φύλλα δάφνης και ανακατεύουμε με το μεγαλύτερο μέρος του πράσινου κρεμμυδιού και του μαϊντανού, αφήνοντας λίγο για γαρνίρισμα. Σερβίρουμε σε μπολ πάνω από το ρύζι. Προσθέστε κομμάτια από το καβούρι σε κάθε μπολ και γαρνίρετε με κορυφές κρεμμυδιού και μαϊντανό. Προσφέρετε κράκερ καβουριών ή ξηρών καρπών για τα πόδια.

15. Κοτόπουλο και Andouille Gumbo

ΚΑΝΕΙ 6-8 ΜΕΡΙΔΕΣ

ΣΥΣΤΑΤΙΚΑ

2 κιλά μπούτια κοτόπουλου χωρίς κόκαλα, κομμένα σε μπουκιά κομμάτια ή 1 ολόκληρο κοτόπουλο, κομμένο σε κομμάτια

1 κιλό λουκάνικο andouille, κομμένο σε μπουκιές

2 κουταλιές της σούπας συν 1/2 φλιτζάνι φυτικό λάδι, χωρισμένα

3/4 φλιτζανιού αλεύρι για όλες τις χρήσεις

1 μεγάλο κρεμμύδι, ψιλοκομμένο

1 ματσάκι φρέσκα κρεμμυδάκια, ψιλοκομμένα, χωρισμένα τα λευκά και πράσινα μέρη

1 πράσινη πιπεριά, ψιλοκομμένη

2 κοτσάνια σέλινου, ψιλοκομμένα

4 σκελίδες σκόρδο, ψιλοκομμένες

6 φλιτζάνια ζωμός κοτόπουλου

2 φύλλα δάφνης

1 κουταλάκι του γλυκού καρύκευμα κρεόλ

Αλάτι και φρεσκοτριμμένο μαύρο πιπέρι, για γεύση

1/3 φλιτζάνι ψιλοκομμένο πλατύφυλλο μαϊντανό

Μαγειρεμένο μακρόσκοκο λευκό ρύζι, για το σερβίρισμα

Σε μια μεγάλη, βαριά κατσαρόλα ροδίζουμε το κοτόπουλο και το αντουίγ σε 2 κουταλιές της σούπας λάδι. Βγάζουμε το κρέας από την κατσαρόλα και το αφήνουμε στην άκρη.

Προσθέτουμε το υπόλοιπο λάδι και το αλεύρι στην κατσαρόλα και ανακατεύουμε συνεχώς σε δυνατή φωτιά μέχρι να αρχίσει να ροδίζει το ρου. Χαμηλώνουμε τη φωτιά σε μέτρια ή μέτρια προς χαμηλή και μαγειρεύουμε, ανακατεύοντας συνεχώς, μέχρι το roux να πάρει το χρώμα της μαύρης σοκολάτας.

Προσθέστε τα κρεμμύδια, τα λευκά μέρη των φρέσκων κρεμμυδιών, την πιπεριά, το σέλινο και το σκόρδο και σοτάρετε σε χαμηλή φωτιά για περίπου 5 λεπτά. Σταδιακά ανακατεύουμε τον ζωμό κοτόπουλου. Προσθέστε τα φύλλα δάφνης και το καρύκευμα κρεόλ και αλατοπιπερώστε. σκεπάζουμε και μαγειρεύουμε για περίπου 45 λεπτά με 1 ώρα.

Προσθέστε το πράσινο κρεμμυδάκι και το μαϊντανό και αφαιρέστε τα φύλλα δάφνης. Σερβίρουμε σε μπολ πάνω από το ρύζι με καυτερή σάλτσα και ζεστό γαλλικό ψωμί.

16. Γαρίδες και μπάμιες Gumbo

ΚΑΝΕΙ 8 ΜΕΡΙΔΕΣ

ΣΥΣΤΑΤΙΚΑ

3 κιλά γαρίδες μικρού έως μεσαίου μεγέθους με κέλυφος με κεφάλια ή 1 1/2 κιλό αποφλοιωμένες και αποφλοιωμένες κατεψυγμένες γαρίδες, αποψυγμένες

1 κιλό φρέσκες μπάμιες, κομμένες σε κομμάτια 1/4 ίντσας ή κατεψυγμένες κομμένες μπάμιες, αποψυγμένες

1 κουταλιά της σούπας συν 1/2 φλιτζάνι φυτικό λάδι, χωρισμένο

1/2 φλιτζάνι αλεύρι για όλες τις χρήσεις

1 μεγάλο κρεμμύδι, ψιλοκομμένο

1 ματσάκι φρέσκα κρεμμυδάκια, ψιλοκομμένα, χωρισμένα τα λευκά και πράσινα μέρη

1 πράσινη πιπεριά, ψιλοκομμένη

2 κοτσάνια σέλινου, ψιλοκομμένα

3 μεγάλες σκελίδες σκόρδο, ψιλοκομμένες

1 (14,5 ουγγιές) κονσέρβα ντομάτες σε κύβους

2 λίτρα ζωμός γαρίδας ή νερό

1 1/2 κουταλάκι του γλυκού καρύκευμα κρεόλ

2 φύλλα δάφνης

1/2 κουταλάκι του γλυκού αποξηραμένο θυμάρι

1/4 φλιτζάνι ψιλοκομμένο πλατύφυλλο μαϊντανό

Μαγειρεμένο μακρόσκοκο λευκό ρύζι, για το σερβίρισμα

γαλλικό ψωμί

Εάν χρησιμοποιείτε φρέσκες γαρίδες, αφαιρέστε το κεφάλι, ξεφλουδίστε και καθαρίστε τις, τοποθετώντας τα κελύφη και τα κεφάλια σε μια μεσαία κατσαρόλα. Προσθέστε αρκετό νερό ώστε να καλύψει τα κοχύλια κατά τουλάχιστον 2 ίντσες και αφήστε να πάρει μια βράση. Σκεπάζουμε, χαμηλώνουμε τη φωτιά και σιγοβράζουμε για 30 λεπτά. Όταν κρυώσει ελαφρώς, σουρώνουμε το ζωμό σε ένα μεγάλο μεζούρα και πετάμε τα κελύφη.

Εάν χρησιμοποιείτε φρέσκες μπάμιες, ζεστάνετε 1 κουταλιά της σούπας λάδι σε ένα μέτριο προς μεγάλο τηγάνι. Σε μέτρια φωτιά, μαγειρέψτε τις μπάμιες, ανακατεύοντας κατά διαστήματα, μέχρι να εξαφανιστεί το κορδόνι υγρό. Αφήνω στην άκρη.

Ζεσταίνουμε το υπόλοιπο λάδι σε μια μεγάλη, βαριά κατσαρόλα σε δυνατή φωτιά. Προσθέτουμε το αλεύρι και ανακατεύουμε συνεχώς μέχρι να αρχίσει να ροδίζει το ρου. Χαμηλώνουμε τη φωτιά σε μέτρια και μαγειρεύουμε, ανακατεύοντας συνεχώς, μέχρι το roux να πάρει το χρώμα της σοκολάτας γάλακτος. Προσθέστε τα κρεμμύδια και τα λευκά μέρη των φρέσκων κρεμμυδιών και μαγειρέψτε, ανακατεύοντας, μέχρι να αρχίσουν να καραμελώνουν τα κρεμμύδια. Προσθέστε την πιπεριά και το σέλινο και μαγειρέψτε μέχρι να μαραθούν. Προσθέστε το σκόρδο και μαγειρέψτε ένα λεπτό ακόμα.

Προσθέστε τις ντομάτες και ανακατέψτε σταδιακά τον ζωμό ή το νερό. Προσθέστε όλα τα καρυκεύματα εκτός από τον μαϊντανό, χαμηλώστε τη φωτιά, σκεπάστε και σιγοβράστε για 30 λεπτά. Προσθέστε τις γαρίδες και σιγοβράστε μέχρι οι γαρίδες να γίνουν ροζ, περίπου 10 λεπτά. Αποσύρουμε από τη φωτιά και προσθέτουμε το πράσινο κρεμμυδάκι και τον μαϊντανό και αφαιρούμε τα φύλλα δάφνης.

Σερβίρετε σε μπολ πάνω από ζεστό ρύζι με ζεστό γαλλικό ψωμί.

17. Super Gumbo

ΚΑΝΕΙ 10-12 ΜΕΡΙΔΕΣ

ΣΥΣΤΑΤΙΚΑ

2 κιλά γαρίδες σε κέλυφος με κεφάλια

1 κιλό φρέσκα ή κατεψυγμένα καβούρια, αποψυγμένα αν έχουν καταψυχθεί

6 κομμάτια κοτόπουλου (όπως μπούτια και μπούτια)

Αλάτι, πιπέρι και καρυκεύματα κρεόλ, για γεύση

1 κιλό φρέσκες μπάμιες, κομμένες σε κομμάτια, ή κατεψυγμένες κομμένες μπάμιες, ξεπαγωμένες

1 κουταλιά της σούπας συν 1 φλιτζάνι φυτικό λάδι, χωρισμένο

1 φλιτζάνι αλεύρι για όλες τις χρήσεις

1 μεγάλο κρεμμύδι, ψιλοκομμένο

1 ματσάκι φρέσκα κρεμμυδάκια, ψιλοκομμένα, χωρισμένα τα λευκά και πράσινα μέρη

1 πράσινη πιπεριά, ψιλοκομμένη

2 κοτσάνια σέλινου, ψιλοκομμένα

4 σκελίδες σκόρδο, ψιλοκομμένες

1/2 λίβρα αντουίγ ή άλλο καπνιστό λουκάνικο, κομμένο στα τέσσερα κατά μήκος και κομμένο σε φέτες πάχους 1/4 ίντσας

2 φρέσκες ντομάτες, κομμένες σε κύβους ή 1 (14,5 ουγκιά) κονσέρβα ντομάτες

2 κουταλιές της σούπας πελτέ ντομάτας

9 φλιτζάνια ζωμός θαλασσινών ή κοτόπουλου ή συνδυασμός των δύο

3 φύλλα δάφνης

1/2 κουταλάκι του γλυκού καρύκευμα κρεόλ

1 κουταλάκι του γλυκού αλάτι

Πολλές στροφές σε ένα μύλο μαύρου πιπεριού

2 κουταλιές της σούπας ψιλοκομμένο πλατύφυλλο μαϊντανό

Μαγειρεμένο μακρόσκοκο λευκό ρύζι, για το σερβίρισμα

Αφαιρέστε το κεφάλι, ξεφλουδίστε και αφαιρέστε τις γαρίδες, τοποθετώντας τα κεφάλια και τα κοχύλια σε μια μεσαία κατσαρόλα. Προσθέστε αρκετό νερό ώστε να καλύψει τα κοχύλια κατά τουλάχιστον 2 ίντσες και αφήστε να πάρει μια βράση. Σκεπάζουμε, χαμηλώνουμε τη φωτιά και σιγοβράζουμε για 30 λεπτά. Όταν κρυώσει ελαφρώς, σουρώνουμε το ζωμό σε ένα μεγάλο μεζούρα και πετάμε τα κελύφη.

Αφαιρέστε οτιδήποτε άλλο εκτός από τα κοχύλια που περιέχουν το κρέας καβούρι από τα καβούρια, αφήνοντας τα μπούτια και το κίτρινο και πορτοκαλί λίπος στη θέση τους. Εάν κάποια μέρη του κελύφους χρειάζονται καθάρισμα, κάντε το με ένα σφουγγάρι.

Ξεπλύνετε και στεγνώστε τα κομμάτια κοτόπουλου και πασπαλίστε άφθονα με αλάτι, πιπέρι και καρυκεύματα κρεόλ.

Σε ένα μέτριο τηγάνι, ζεστάνετε 1 κουταλιά της σούπας φυτικό λάδι. προσθέτουμε τις μπάμιες και τις βράζουμε σε δυνατή φωτιά, ανακατεύοντας συχνά, μέχρι να αρχίσει να ροδίζει ελαφρά. Μειώστε τη φωτιά σε μέτρια και συνεχίστε το μαγείρεμα μέχρι να εξαφανιστεί το κολλώδες υγρό.

Σε μια μεγάλη, βαριά κατσαρόλα ζεσταίνουμε 2 κουταλιές της σούπας από το υπόλοιπο λάδι και ροδίζουμε τα κομμάτια του κοτόπουλου από όλες τις πλευρές. Αφαιρούμε το κοτόπουλο και το αφήνουμε στην άκρη.

Προσθέτουμε στην κατσαρόλα το υπόλοιπο λάδι και το αλεύρι και ανακατεύουμε σε δυνατή φωτιά μέχρι να πάρει ανοιχτό καφέ χρώμα. Χαμηλώνουμε τη φωτιά σε μέτρια και μαγειρεύουμε, ανακατεύοντας συνεχώς, μέχρι το roux να γίνει σκούρο καφέ (στο χρώμα του φυστικοβούτυρου ή λίγο πιο σκούρο). Προσέξτε να μην το κάψετε.

Προσθέστε τα κρεμμύδια, τα λευκά μέρη των φρέσκων κρεμμυδιών, την πιπεριά και το σέλινο και μαγειρέψτε, ανακατεύοντας, μέχρι να γίνουν διάφανα. Προσθέστε το σκόρδο και μαγειρέψτε ένα λεπτό ακόμα. Προσθέστε το λουκάνικο, τις ντομάτες και τον πελτέ ντομάτας και μαγειρέψτε άλλα 5 λεπτά. Σταδιακά ανακατεύουμε το ζωμό.

Προσθέστε όλα τα καρυκεύματα εκτός από τον μαϊντανό. Αφήνουμε να πάρει μια βράση και στη συνέχεια χαμηλώνουμε τη φωτιά μέχρι να σιγοβράσει. Σκεπάζουμε και μαγειρεύουμε για περίπου 1 ώρα και 20 λεπτά, ανακατεύοντας κατά διαστήματα και αφαιρώντας το λίπος από πάνω. Προσθέστε τις γαρίδες, το μαϊντανό και το πράσινο κρεμμυδάκι, δυναμώστε τη φωτιά και μαγειρέψτε για αρκετά λεπτά μέχρι να πάρουν ροζ χρώμα οι γαρίδες. Δοκιμάστε να προσαρμόσετε τα καρυκεύματα και αφαιρέστε τα φύλλα δάφνης.

Σερβίρετε σε μπολ πάνω από το μαγειρεμένο ρύζι.

18. Cajun Hen Gumbo

ΚΑΝΕΙ 6-8 ΜΕΡΙΔΕΣ

ΣΥΣΤΑΤΙΚΑ

1 (5- έως 6-λίβρες) κότα

Αλάτι, φρεσκοτριμμένο μαύρο πιπέρι και πιπέρι καγιέν, για γεύση

3/4 φλιτζάνι φυτικό λάδι, χωρισμένο

1/2 κιλό λουκάνικο andouille, κομμένο σε κομμάτια 1/2 ίντσας

1/2 κιλό τάσο, κομμένο σε κομμάτια 1/2 ίντσας

3/4 φλιτζανιού αλεύρι για όλες τις χρήσεις

2 μέτρια κρεμμύδια, ψιλοκομμένα

6 φρέσκα κρεμμυδάκια, ψιλοκομμένα, χωρισμένα τα λευκά και πράσινα μέρη

1 πράσινη πιπεριά, ψιλοκομμένη

3 κοτσάνια σέλινου, ψιλοκομμένα

1 κουταλιά της σούπας ψιλοκομμένο σκόρδο

6 1/2 φλιτζάνια ζωμό κοτόπουλου ή νερό, ή συνδυασμός των δύο

3 φύλλα δάφνης

Καρύκευμα κρεόλ, για γεύση

3 κουταλιές της σούπας ψιλοκομμένο πλατύφυλλο μαϊντανό

Μαγειρεμένο μακρόσκοκο λευκό ρύζι, για το σερβίρισμα

Κόψτε την κότα σε κομμάτια όπως θα κόψατε ένα κοτόπουλο. Επειδή το στήθος είναι μεγάλο, κόψτε το σε 3 κομμάτια. Χρησιμοποιήστε το οστό της πλάτης και τυχόν εντόσθια, εκτός από το συκώτι. Ξεπλύνετε, στεγνώστε και πασπαλίστε άφθονα από όλες τις πλευρές με αλάτι και πιπέρι.

Χρησιμοποιώντας μια πολύ μεγάλη, βαριά κατσαρόλα ζεσταίνουμε 1/4 φλιτζάνι λάδι και ροδίζουμε καλά την κότα από όλες τις πλευρές. Βγάζουμε την κότα από την κατσαρόλα και την αφήνουμε στην άκρη.

Προσθέτουμε στην κατσαρόλα το υπόλοιπο λάδι και το αλεύρι και ανακατεύουμε συνεχώς σε δυνατή φωτιά μέχρι να πάρει ανοιχτό καφέ χρώμα. Χαμηλώνουμε τη φωτιά σε μέτρια και μαγειρεύουμε, ανακατεύοντας συνεχώς, μέχρι το roux να γίνει σκούρο καφέ (στο χρώμα της σοκολάτας γάλακτος ή λίγο πιο σκούρο).

Μειώστε τη φωτιά στο χαμηλό. προσθέστε τα κρεμμύδια, τα λευκά μέρη των φρέσκων κρεμμυδιών, την πιπεριά, το σέλινο και το σκόρδο και σοτάρετε μέχρι να γίνουν διάφανα. Ανακατεύουμε σταδιακά το ζωμό και/ή το νερό. Προσθέστε τα φύλλα δάφνης και αλατοπιπερώστε με καρυκεύματα κρεόλ, σκεπάστε και σιγοβράστε για 3 ώρες, ανακατεύοντας κατά διαστήματα. Καθώς το gumbo μαγειρεύεται, ξαφρίζουμε το λίπος από την επιφάνεια. Μπορείτε να ξαφρίσετε έως και 1 φλιτζάνι λίπος.

Όταν ψηθεί η κότα και μαλακώσει η κότα, αφαιρούμε τα φύλλα δάφνης και ανακατεύουμε με το πράσινο κρεμμυδάκι και το μαϊντανό. Σερβίρουμε σε μπολ πάνω από το ρύζι.

19. Ορτύκι Gumbo

ΚΑΝΕΙ 8 ΜΕΡΙΔΕΣ

ΣΥΣΤΑΤΙΚΑ

8 ορτύκια φρέσκα ή κατεψυγμένα, αποψυγμένα

Αλάτι και φρεσκοτριμμένο μαύρο πιπέρι, για γεύση

1 λίβρα boudin ή περίπου 4 φλιτζάνια σπιτική τζαμπαλάγια (ή χρησιμοποιήστε ένα γρήγορο μείγμα όπως το Zatarain's ή το Oak Grove)

3/4 φλιτζάνι φυτικό λάδι

3/4 φλιτζανιού αλεύρι για όλες τις χρήσεις

1 μεγάλο κρεμμύδι, ψιλοκομμένο

3 φρέσκα κρεμμυδάκια, ψιλοκομμένα, χωριστά τα λευκά και πράσινα μέρη

1 πράσινη πιπεριά, ψιλοκομμένη

4 μεγάλες σκελίδες σκόρδο, ψιλοκομμένες

1/4 κιλό λουκάνικο τάσο ή αντουίγ (ή άλλο καπνιστό), κομμένο σε μπουκιές

2 κουταλιές της σούπας πελτέ ντομάτας

6 φλιτζάνια ζωμός κοτόπουλου σπιτικό ή σε κονσέρβα

1 κουταλάκι του γλυκού αποξηραμένο θυμάρι

3 φύλλα δάφνης

1/2 κουταλάκι του γλυκού καρύκευμα κρεόλ

1/2 κουταλάκι του γλυκού αλάτι σέλινο

3 κουταλιές της σούπας ψιλοκομμένο πλατύφυλλο μαϊντανό

Ξεπλύνετε τα ορτύκια και αφαιρέστε τυχόν φτερά που έχουν απομείνει. Στεγνώστε καλά και αλατοπιπερώστε μέσα και έξω. Εάν χρησιμοποιείτε boudin, αφαιρέστε το από τα περιβλήματα. Γεμίστε κάθε ορτύκι με περίπου 4 κουταλιές της σούπας μπουντίν ή τζαμπαλάγια και δέστε κορδόνι γύρω από κάθε ορτύκι από πίσω προς τα εμπρός, σταυρώνοντας τα πόδια για να κρατήσετε τη γέμιση.

Σε μια φαρδιά, βαριά κατσαρόλα, ζεσταίνουμε 3 κουταλιές της σούπας λάδι και ροδίζουμε προσεκτικά τα ορτύκια από όλες τις πλευρές, μετακινώντας τα για να μην κολλήσει η φλούδα. Βγάζουμε τα ορτύκια από την κατσαρόλα και τα αφήνουμε στην άκρη.

Προσθέτουμε το υπόλοιπο λάδι και το αλεύρι στην κατσαρόλα και ανακατεύουμε συνεχώς σε μέτρια προς δυνατή φωτιά μέχρι να αρχίσει να ροδίζει το ρου. Χαμηλώνουμε τη φωτιά σε μέτρια και μαγειρεύουμε, ανακατεύοντας συνεχώς, μέχρι το roux να πάρει το χρώμα του φυστικοβούτυρου.

Χαμηλώνουμε τη φωτιά και προσθέτουμε τα κρεμμύδια και τα λευκά μέρη των φρέσκων κρεμμυδιών, καραμελώνοντάς τα για περίπου 5 λεπτά. Προσθέστε την πιπεριά και μαγειρέψτε μέχρι να μαραθεί. Προσθέστε το σκόρδο και μαγειρέψτε για 1 λεπτό ακόμα.

Προσθέτουμε τον πελτέ ντομάτας και το τάσο και μαγειρεύουμε λίγα λεπτά ακόμα. Ανακατεύουμε σταδιακά τον ζωμό, ακολουθούμενα από όλα τα καρυκεύματα εκτός από το πράσινο κρεμμυδάκι και τον μαϊντανό. Αφήνουμε να πάρει μια βράση και στη συνέχεια χαμηλώνουμε τη φωτιά σε μέτρια προς χαμηλή.

Επιστρέφουμε τα ορτύκια στην κατσαρόλα, σκεπάζουμε και σιγοβράζουμε για 30 λεπτά. Όταν τελειώσετε, προσθέστε τα πράσινα κρεμμυδάκια και αφαιρέστε τα φύλλα δάφνης.

Για να σερβίρετε, βάζετε 1 ορτύκι σε κάθε μπολ γκάμπο και πασπαλίζετε με μαϊντανό.

20. Gumbo z'Herbes

ΚΑΝΕΙ 8 ΜΕΡΙΔΕΣ

ΣΥΣΤΑΤΙΚΑ

1 μικρό κόκαλο ζαμπόν ή 1/2 κιλό καπνιστό ζαμπόν κύβους

1 πίντα στρείδια με το ποτό τους

1/2 φλιτζάνι φυτικό λάδι

1/2 φλιτζάνι αλεύρι για όλες τις χρήσεις

1 μεγάλο κρεμμύδι, ψιλοκομμένο

3 φρέσκα κρεμμυδάκια, ψιλοκομμένα

3 κοτσάνια σέλινου, ψιλοκομμένα

3 σκελίδες σκόρδο, ψιλοκομμένες

1/2 κουταλάκι του γλυκού καρύκευμα κρεόλ

3 φύλλα δάφνης

1/2 κουταλάκι του γλυκού αποξηραμένο θυμάρι

1 κουταλιά της σούπας ζάχαρη

2 φλιτζάνια μουστάρδα καθαρισμένα και χοντροκομμένα

2 φλιτζάνια χόρτα γογγύλι καθαρισμένα και χοντροκομμένα

4 φλιτζάνια λαχανικά καθαρισμένα και χοντροκομμένα

4 φλιτζάνια σπανάκι

1 ματσάκι μαϊντανός πλατύφυλλος

1/2 μικρό λάχανο, ψιλοκομμένο ή τριμμένο

2 φλιτζάνια αντίδι, κομμένο σε κομμάτια

Αλάτι και φρεσκοτριμμένο μαύρο πιπέρι, για γεύση

Μαγειρεμένο μακρόσκοκο λευκό ρύζι, για το σερβίρισμα

Αν χρησιμοποιείτε κόκκαλο ζαμπόν, το σιγοβράζετε σε μια μεγάλη κατσαρόλα σε 2 λίτρα νερό, σκεπασμένο, για 2 ώρες ή μέχρι να πέσει το κρέας από το κόκκαλο. Όταν κρυώσει αρκετά για να το πιάσετε, αφαιρέστε το κρέας από τα κόκαλα και αφήστε το στην άκρη. Πετάξτε το κόκαλο και κρατήστε το ζωμό (θα χρειαστείτε περίπου 7 φλιτζάνια).

Στραγγίστε τα στρείδια, κρατώντας το ποτό τους, και ελέγξτε για θραύσματα κελύφους. Θα πρέπει να έχετε περίπου 1/2 φλιτζάνι ποτό.

Σε μια πολύ μεγάλη, βαριά κατσαρόλα, συνδυάστε το λάδι και το αλεύρι και ανακατέψτε σε δυνατή φωτιά μέχρι να αρχίσει να ροδίζει το ρου. Χαμηλώνουμε τη φωτιά σε μέτρια και μαγειρεύουμε, ανακατεύοντας συνεχώς, μέχρι το roux να πάρει το χρώμα της σοκολάτας γάλακτος. Αμέσως προσθέτουμε τα κρεμμύδια και σιγοβράζουμε μέχρι να καραμελώσουν. Προσθέστε το σέλινο και το σκόρδο και σιγοβράστε ένα λεπτό ακόμα.

Προσθέστε τον κρατημένο ζωμό ζαμπόν, το λικέρ στρειδιών (περίπου 1/2 φλιτζάνι), τα καρυκεύματα κρεόλ, τα φύλλα δάφνης, το θυμάρι, τη ζάχαρη, τους κύβους ζαμπόν ή ζαμπόν και τα χόρτα και αλατοπιπερώστε. Σιγοβράζουμε, σκεπασμένο, για 1 ώρα περίπου. Προσθέστε τα στρείδια και μαγειρέψτε μέχρι να καμπυλώσουν, περίπου 1 λεπτό. Δοκιμάστε και προσαρμόστε τα καρυκεύματα. Σβήνουμε τη φωτιά και αφαιρούμε τα φύλλα δάφνης.

Σερβίρετε σε μπολ Gumbo πάνω από το ρύζι.

21. Filé Gumbo

ΚΑΝΕΙ 6-8 ΜΕΡΙΔΕΣ

ΣΥΣΤΑΤΙΚΑ

2 κιλά γαρίδες σε κέλυφος με κεφάλια

1/2 φλιτζάνι φυτικό λάδι ή σταγόνες μπέικον

1/2 φλιτζάνι αλεύρι για όλες τις χρήσεις

1 κρεμμύδι, ψιλοκομμένο

1 πράσινη πιπεριά, ψιλοκομμένη

3 σκελίδες σκόρδο, ψιλοκομμένες

2 κουταλιές της σούπας πελτέ ντομάτας

2 φύλλα δάφνης

1/2 κουταλάκι του γλυκού αλάτι, ή για γεύση

1/2 κουταλάκι του γλυκού φρεσκοτριμμένο μαύρο πιπέρι, ή για γεύση

1/2 κουταλάκι του γλυκού πιπέρι καγιέν, ή για γεύση

2 κουταλιές της σούπας φιλέ σε σκόνη

1 κιλό jumbo κομματάκι καβούρι

Μαγειρεμένο μακρόσκοκο λευκό ρύζι, για το σερβίρισμα

Αφαιρέστε το κεφάλι, ξεφλουδίστε και αφαιρέστε τις γαρίδες, τοποθετώντας τα κεφάλια και τα κοχύλια σε μια μεσαία κατσαρόλα.

Προσθέστε αρκετό νερό ώστε να καλύψει τα κοχύλια κατά τουλάχιστον 2 ίντσες και αφήστε να πάρει μια βράση. Σκεπάζουμε, χαμηλώνουμε τη φωτιά και σιγοβράζουμε για 30 λεπτά. Όταν κρυώσει ελαφρώς, σουρώνουμε το ζωμό σε ένα μεγάλο μεζούρα και πετάμε τα κελύφη. Αν χρειαστεί, προσθέστε αρκετό νερό στο ζωμό για να γίνουν 5 φλιτζάνια υγρό. Αφήνω στην άκρη.

Σε μια μεγάλη, βαριά κατσαρόλα, ανακατεύουμε το λάδι και το αλεύρι. Ανακατεύουμε συνεχώς σε δυνατή φωτιά μέχρι το αλεύρι να αρχίσει να ροδίζει. Χαμηλώνουμε τη φωτιά σε μέτρια και ανακατεύουμε συνεχώς μέχρι το roux να πάρει σκούρο καφέ χρώμα.

Προσθέστε τα κρεμμύδια και την πιπεριά και μαγειρέψτε μέχρι να μαραθούν. Προσθέστε το σκόρδο και μαγειρέψτε ένα λεπτό ακόμα. Προσθέστε τον πελτέ ντομάτας και σιγοβράστε για 5 λεπτά, ανακατεύοντας κατά διαστήματα. Σταδιακά ανακατεύουμε τον ζωμό γαρίδας. Προσθέστε όλα τα καρυκεύματα εκτός από το φιλέ, σκεπάστε και σιγοβράστε σε χαμηλή φωτιά για 30 λεπτά.

Προσθέστε τις γαρίδες και συνεχίστε το μαγείρεμα για 3 λεπτά αν οι γαρίδες είναι μικρές ή 7 λεπτά αν είναι μεγάλες. Σβήνουμε τη φωτιά. Εάν σερβίρετε αμέσως όλη την τσίχλα, προσθέστε το φιλέ και ανακατέψτε καλά. (Εάν όχι, κρατήστε το φιλέ για να το προσθέσετε σε μεμονωμένα μπολ.) Ανακατέψτε απαλά το καβούρι.

Σερβίρουμε σε μπολ πάνω από το ζεστό ρύζι. Αν δεν έχετε προσθέσει το φιλέ, προσθέστε 1/2-3/4 κουταλάκι του γλυκού σε κάθε μπολ, ανάλογα με το μέγεθος των μπολ.

22. Γατόψαρο Γκάμπο

ΚΑΝΕΙ 6-8 ΜΕΡΙΔΕΣ

ΣΥΣΤΑΤΙΚΑ

3 κιλά ψήγματα γατόψαρου, χωρισμένα

1/2 φλιτζάνι κανόλα ή άλλο φυτικό λάδι

1/2 φλιτζάνι αλεύρι για όλες τις χρήσεις

1 μεγάλο κρεμμύδι, ψιλοκομμένο, φλούδες και τρίμματα κρατημένα

1 πράσινη πιπεριά, ψιλοκομμένη, σπόροι και τρίμματα κρατημένα

2 κοτσάνια σέλινου, ψιλοκομμένα

6 φρέσκα κρεμμυδάκια, ψιλοκομμένα, χωρισμένα τα λευκά και πράσινα μέρη

3 μεγάλες σκελίδες σκόρδο, ψιλοκομμένες

1 (10 ουγκιά) κουτί αυθεντικές ντομάτες Ro-tel με τσίλι

2 φλιτζάνια ψιλοκομμένες φρέσκες ή κονσέρβες ντομάτες σε κύβους

3 φλιτζάνια ζωμός

1/2 φλιτζάνι λευκό κρασί

3 φύλλα δάφνης

1/2 κουταλάκι του γλυκού αποξηραμένο θυμάρι

1 κουταλάκι του γλυκού φρέσκο χυμό λεμονιού

1/2 κουταλάκι του γλυκού σάλτσα Worcestershire

1 1/2 κουταλάκι του γλυκού καρύκευμα κρεόλ

Αλάτι και φρεσκοτριμμένο πιπέρι, για γεύση

2 κουταλιές της σούπας ψιλοκομμένο πλατύφυλλο μαϊντανό

Μαγειρεμένο μακρόσκοκο λευκό ρύζι, για το σερβίρισμα

Κόψτε 2 κιλά από τα ψήγματα γατόψαρου σε κύβους 1 ίντσας και αφήστε τα στην άκρη. Τοποθετήστε τα υπόλοιπα ψήγματα σε μια μικρή κατσαρόλα με 4 φλιτζάνια νερό και τα τρίμματα από τα λαχανικά για να κάνετε ζωμό. Σκεπάζουμε και σιγοβράζουμε για 45 λεπτά. Στραγγίζουμε το ζωμό σε ένα μεγάλο μεζούρα και πετάμε τα στερεά.

Ζεσταίνουμε το λάδι σε μια μεγάλη, βαριά κατσαρόλα. Προσθέτουμε το αλεύρι και ανακατεύουμε συνεχώς σε μέτρια φωτιά για να γίνει ένα μέτριο-σκούρο roux στο χρώμα του φυστικοβούτυρου. Προσθέστε το κρεμμύδι, τα λευκά μέρη των φρέσκων κρεμμυδιών, την πιπεριά και το σέλινο και μαγειρέψτε μέχρι να μαραθούν. Προσθέστε το σκόρδο και μαγειρέψτε 1 λεπτό ακόμα.

Προσθέστε τις ντομάτες, 3 φλιτζάνια ζωμό, το κρασί, τα φύλλα δάφνης, το θυμάρι, το χυμό λεμονιού, τη σάλτσα Worcestershire και το καρύκευμα Creole και αλατοπιπερώστε. Αφήστε να πάρει μια βράση. Χαμηλώνουμε τη φωτιά, σκεπάζουμε και σιγοβράζουμε για 30 λεπτά, ανακατεύοντας κατά διαστήματα.

Προσθέστε το γατόψαρο σε κύβους και αφήστε το να πάρει μια βράση. Χαμηλώνουμε τη φωτιά και σιγοβράζουμε μέχρι να ψηθεί το ψάρι, περίπου 5 λεπτά. Αφαιρούμε τα φύλλα δάφνης και προσθέτουμε τον μαϊντανό και το πράσινο κρεμμυδάκι. Σκεπάζετε και αφήνετε το gumbo να ξεκουραστεί για περίπου μία ώρα.

Ζεσταίνουμε ξανά το gumbo και σερβίρουμε σε μπολ πάνω από το ρύζι.

23. Λάχανο Γκάμπο

ΚΑΝΕΙ 4-6 ΜΕΡΙΔΕΣ

ΣΥΣΤΑΤΙΚΑ

1 μεγάλο λάχανο (περίπου 3 κιλά)

4 χοντρές φέτες μπέικον

1/4 φλιτζάνι φυτικό λάδι (περισσότερο ή λιγότερο όσο χρειάζεται)

1/2 φλιτζάνι αλεύρι για όλες τις χρήσεις

1 κρεμμύδι, ψιλοκομμένο

1 πράσινη πιπεριά, ψιλοκομμένη

2 κοτσάνια σέλινου, ψιλοκομμένα

3 μεγάλες σκελίδες σκόρδο, ψιλοκομμένες

Αλάτι και φρεσκοτριμμένο μαύρο πιπέρι, για γεύση

1 κουταλάκι του γλυκού ζάχαρη

3 φύλλα δάφνης

1 κουταλάκι του γλυκού καρύκευμα κρεόλ

8 φλιτζάνια νερό

1 κονσέρβα (10 ουγκιά) αυθεντικές ντομάτες Ro-tel με πράσινα τσίλι

2 μικρά καπνιστό ζαμπόν

Μαγειρεμένο μακρόσκοκο λευκό ρύζι, για το σερβίρισμα

Κόψτε το λάχανο σε κομμάτια μεγέθους μπουκιάς. ξεπλένουμε, στραγγίζουμε και αφήνουμε στην άκρη.

Σε μια μεγάλη, βαριά κατσαρόλα βράζουμε το μπέικον μέχρι να γίνει τραγανό. Βγάζουμε το μπέικον από την κατσαρόλα και κρατάμε. Ρίξτε προσεκτικά τη λαδόκολλα για μπέικον σε μια μεγάλη μεζούρα και προσθέστε τόσο λάδι ώστε να γίνει 1/2 φλιτζάνι. Επιστρέψτε τη λαδόκολλα στο ταψί και προσθέστε το αλεύρι. ανακατεύουμε συνεχώς σε μέτρια φωτιά για να γίνει ένα ανοιχτό καφέ ή καραμέλας.

Προσθέστε τα κρεμμύδια, την πιπεριά και το σέλινο και σοτάρετε μέχρι να μαραθούν. Προσθέστε το σκόρδο και σοτάρετε ένα λεπτό ακόμα. Ανακατεύουμε τα υπόλοιπα υλικά και το λάχανο και αφήνουμε να πάρει μια βράση. Χαμηλώνουμε τη φωτιά, σκεπάζουμε και σιγοβράζουμε για 1 ώρα, ανακατεύοντας κατά διαστήματα.

Σερβίρουμε σε μπολ πάνω από το ρύζι και από πάνω βάζουμε θρυμματισμένο μπέικον. Σερβίρετε ζεστή σάλτσα στο πλάι.

24. Γκάμπο Τουρκίας

ΚΑΝΕΙ 6-8 ΜΕΡΙΔΕΣ

ΣΥΣΤΑΤΙΚΑ

1 ή περισσότερα σφάγια γαλοπούλας και υπολείμματα γαλοπούλας

1/2 φλιτζάνι φυτικό λάδι

1/2 φλιτζάνι αλεύρι για όλες τις χρήσεις

1 κρεμμύδι, ψιλοκομμένο

1 ματσάκι φρέσκα κρεμμυδάκια, ψιλοκομμένα

3 κοτσάνια σέλινου, ψιλοκομμένα

3 σκελίδες σκόρδο, ψιλοκομμένες

Σάλτσα γαλοπούλας που περίσσεψε (προαιρετικά)

2 φύλλα δάφνης

1/2 κουταλάκι του γλυκού αποξηραμένο θυμάρι

Αλάτι, καρυκεύματα κρεόλ και φρεσκοτριμμένο μαύρο πιπέρι, για γεύση

1/2 κιλό λουκάνικο andouille (ή άλλο καπνιστό), κομμένο σε μπουκιές

1 πίντα στρείδια (προαιρετικά)

3 κουταλιές της σούπας ψιλοκομμένο πλατύφυλλο μαϊντανό

Μαγειρεμένο μακρόσκοκο λευκό ρύζι, για το σερβίρισμα

Αφαιρέστε τυχόν κρέας από το σφάγιο της γαλοπούλας. Κόβουμε σε κομμάτια, μαζί με τα περισσεύματα της γαλοπούλας. Αφήνω στην άκρη.

Τοποθετήστε τα κόκαλα της γαλοπούλας σε μια κατσαρόλα, καλύψτε με νερό και αφήστε τα να βράσουν. Χαμηλώνουμε τη φωτιά, σκεπάζουμε και σιγοβράζουμε για 1 ώρα. Όταν κρυώσει αρκετά για να το χειριστείτε, στραγγίστε το ζωμό σε ένα μεγάλο μεζούρα και πετάξτε τα κόκαλα. Εάν χρησιμοποιείτε στρείδια, στραγγίστε το υγρό του στρειδιού στο ζωμό. Εάν χρειάζεται, προσθέστε νερό για να γίνουν τουλάχιστον 8 φλιτζάνια υγρού. Αφήνω στην άκρη.

Σε μια μεγάλη, βαριά κατσαρόλα ζεσταίνουμε το λάδι σε μέτρια προς δυνατή φωτιά. Προσθέτουμε το αλεύρι και ανακατεύουμε συνεχώς μέχρι να αρχίσει να ροδίζει το ρου. Χαμηλώνουμε τη φωτιά σε μέτρια και μαγειρεύουμε, ανακατεύοντας συνεχώς, μέχρι το roux να πάρει το χρώμα του φυστικοβούτυρου.

Προσθέστε τα κρεμμύδια και το σέλινο και σιγοβράστε σε χαμηλή φωτιά μέχρι να γίνει διάφανο. Προσθέστε το σκόρδο και μαγειρέψτε ένα λεπτό ακόμα. Προσθέστε 8 φλιτζάνια ζωμό (ή περισσότερα αν προτιμάτε ένα πιο λεπτό κόμμι, αν σας περισσεύει σάλτσα γαλοπούλας, προσθέστε το σε αυτό το σημείο).

Προσθέστε όλα τα καρυκεύματα (εκτός από τον μαϊντανό) και το λουκάνικο. σκεπάζουμε και σιγοβράζουμε για 30 λεπτά. Προσθέστε το κρέας της γαλοπούλας και τα στρείδια, εάν χρησιμοποιείτε, και μαγειρέψτε μέχρι να καμπυλώσουν τα στρείδια, 1-2 λεπτά.

Αφαιρούμε τα φύλλα δάφνης και προσαρμόζουμε τα καρυκεύματα. Προσθέστε τον μαϊντανό και σερβίρετε σε μπολ πάνω από το ρύζι.

25. Roux-less Gumbo

ΚΑΝΕΙ 6-8 ΜΕΡΙΔΕΣ

ΣΥΣΤΑΤΙΚΑ

2 κιλά μέτριες γαρίδες με κέλυφος με κεφάλια ή 1 κιλό αποφλοιωμένες και αποφλοιωμένες κατεψυγμένες γαρίδες, αποψυγμένες

3 φλιτζάνια φρέσκες μπάμιες κομμένες σε φέτες ή 3 φλιτζάνια παγωμένες κομμένες μπάμιες, αποψυγμένες

1 κιλό μπούτια κοτόπουλου χωρίς κόκαλα, κομμένα σε κομμάτια 1 ίντσας

Καρύκευμα κρεόλ για πασπάλισμα κοτόπουλου συν 1/2 κουταλάκι του γλυκού

1 κουταλάκι του γλυκού συν 3 κουταλιές της σούπας φυτικό λάδι

1 μεγάλο κρεμμύδι, ψιλοκομμένο

1 πράσινη πιπεριά, ψιλοκομμένη

1 ματσάκι φρέσκα κρεμμυδάκια, ψιλοκομμένα, πράσινα και λευκά μέρη χωρισμένα

2 κοτσάνια σέλινου, ψιλοκομμένα

3 σκελίδες σκόρδο, ψιλοκομμένες

1 (15 ουγγιά) κονσέρβα ντομάτες θρυμματισμένες

4 φλιτζάνια ζωμό από γαρίδες ή/και κοτόπουλο

1/2 κουταλάκι του γλυκού αλάτι

10 αλέθετε σε μύλο μαύρου πιπεριού

1 κουταλάκι του γλυκού αλάτι σέλινο

1 γεμάτη κουταλιά της σούπας ψιλοκομμένο πλατύφυλλο μαϊντανό

1 κουταλιά της σούπας φιλέ σε σκόνη

Μαγειρεμένο μακρόσκοκο λευκό ρύζι, για το σερβίρισμα

Εάν χρησιμοποιείτε φρέσκες γαρίδες, αφαιρέστε τα κεφάλια και το κέλυφος και καθαρίστε τις γαρίδες. Τοποθετήστε τα κοχύλια και τα κεφάλια σε μια μέτρια κατσαρόλα, προσθέστε αρκετό νερό ώστε να καλύψει τα κελύφη κατά τουλάχιστον 2 ίντσες και αφήστε τα να βράσουν. Σκεπάζουμε, χαμηλώνουμε τη φωτιά και σιγοβράζουμε για 30 λεπτά. Όταν κρυώσει ελαφρώς, σουρώνουμε το ζωμό σε ένα μεγάλο μεζούρα και πετάμε τα κελύφη. Θα χρειαστείτε 4 φλιτζάνια ζωμό. Κρατήστε τα υπόλοιπα για μελλοντική χρήση.

Ζεσταίνουμε 1 κουταλάκι του γλυκού λάδι σε ένα τηγάνι σε μέτρια φωτιά και προσθέτουμε τις μπάμιες. Μαγειρέψτε, γυρίζοντας συχνά, μέχρι να φύγει όλη η αλοιφή από τις μπάμιες. Αφήνω στην άκρη.

Πασπαλίζουμε το κοτόπουλο από όλες τις πλευρές με καρυκεύματα κρεόλ. Ζεσταίνουμε το υπόλοιπο λάδι σε μια μεγάλη, βαριά κατσαρόλα και, σε 2 παρτίδες, ροδίζουμε τα κομμάτια του κοτόπουλου από όλες τις πλευρές. Βγάζουμε το κοτόπουλο σε ένα πιάτο.

Προσθέστε το κρεμμύδι, τα λευκά μέρη των φρέσκων κρεμμυδιών, την πιπεριά και το σέλινο στην κατσαρόλα και σοτάρετε μέχρι να γίνουν διάφανα. Προσθέστε το σκόρδο και σοτάρετε ένα λεπτό ακόμα.

Επιστρέψτε το κοτόπουλο στην κατσαρόλα και προσθέστε τις μπάμιες, τις ντομάτες, το ζωμό, τα υπόλοιπα καρυκεύματα κρεόλ, αλάτι, πιπέρι και αλάτι σέλινο. Σκεπάζουμε και σιγοβράζουμε για 30 λεπτά.

Προσθέστε τις γαρίδες, το πράσινο κρεμμύδι και τον μαϊντανό και μαγειρέψτε για 5-10 λεπτά περισσότερο ή μέχρι να γίνουν ροζ οι γαρίδες. Προσθέστε το φιλέ στην κατσαρόλα αν σκοπεύετε να σερβίρετε όλη την τσίχλα. Σερβίρουμε σε μπολ πάνω από το ρύζι. Εάν δεν έχετε προσθέσει το φιλέ, προσθέστε 1/2-3/4 κουταλάκι του γλυκού σε κάθε μπολ.

26. Ντακ και Αντουίγ Γκάμπο

ΚΑΝΕΙ 6-8 ΜΕΡΙΔΕΣ

ΣΥΣΤΑΤΙΚΑ

1 (6 λιβρών) παπάκι

2 κρεμμύδια, το 1 κομμένο στα τέσσερα και το άλλο ψιλοκομμένο

4 κοτσάνια σέλινου, 2 κομμένα σε κύβους και τα άλλα 2 ψιλοκομμένα

4 φύλλα δάφνης χωρισμένα

Φρεσκοτριμμένο μαύρο πιπέρι, για γεύση

1 κιλό λουκάνικο andouille, κομμένο σε μπουκιές

3/4 φλιτζάνι φυτικό λάδι

1 φλιτζάνι αλεύρι για όλες τις χρήσεις

1 ματσάκι φρέσκα κρεμμυδάκια, ψιλοκομμένα, χωρισμένα τα λευκά και πράσινα μέρη

1 πράσινη πιπεριά, ψιλοκομμένη

4 σκελίδες σκόρδο, ψιλοκομμένες

1/2 κουταλάκι του γλυκού αποξηραμένο θυμάρι

1/2 κουταλάκι του γλυκού καρύκευμα κρεόλ

1/4 κουταλάκι του γλυκού πιπέρι καγιέν

1 κουταλιά της σούπας σάλτσα Worcestershire

Αλάτι, για γεύση

1/2 φλιτζάνι ψιλοκομμένο πλατύφυλλο μαϊντανό

Μαγειρεμένο μακρόσκοκο λευκό ρύζι, για το σερβίρισμα

Ξεπλύνετε την πάπια και αφαιρέστε τυχόν περιττό λίπος. Τοποθετήστε την πάπια σε μια μεγάλη κατσαρόλα και καλύψτε με νερό. Προσθέστε το ψιλοκομμένο κρεμμύδι, τα κομμάτια σέλινου, 2 από τα φύλλα δάφνης και πολλά τριμμένα σε ένα μύλο πιπεριάς. Αφήστε να πάρει μια βράση. Χαμηλώνουμε τη φωτιά και σιγοβράζουμε μέχρι να ψηθεί η πάπια, περίπου 45 λεπτά. Αφαιρέστε την πάπια από αυτήν την κατσαρόλα και αφήστε την να ξεκουραστεί μέχρι να κρυώσει αρκετά για να τη χειριστείτε. Ξεκοκαλίζουμε την πάπια και κόβουμε το κρέας σε μπουκιές. Αφήνουμε το κρέας στην άκρη.

Επιστρέφουμε τα κόκαλα στην κατσαρόλα και σιγοβράζουμε για 1 ώρα. Στραγγίστε το ζωμό σε ένα μεγάλο μπολ και αφήστε το να κρυώσει. Βάζουμε στο ψυγείο μέχρι να σκληρύνει το λίπος και ξαφρίζουμε και πετάμε το λίπος.

Σε ένα μεγάλο τηγάνι ροδίζουμε το λουκάνικο σε μέτρια προς δυνατή φωτιά. Αφήνω στην άκρη.

Ζεσταίνουμε το λάδι σε μια μεγάλη, βαριά κατσαρόλα σε δυνατή φωτιά. προσθέτουμε το αλεύρι και ανακατεύουμε συνεχώς μέχρι να αρχίσει να ροδίζει το ρου. Χαμηλώνουμε τη φωτιά σε μέτρια ή μέτρια προς χαμηλή και μαγειρεύουμε, ανακατεύοντας συνεχώς, μέχρι το roux να πάρει το χρώμα της μαύρης σοκολάτας.

Προσθέστε το ψιλοκομμένο κρεμμύδι, τα λευκά μέρη των φρέσκων κρεμμυδιών, το σέλινο και την πιπεριά και μαγειρέψτε, ανακατεύοντας, μέχρι να μαραθούν. Προσθέστε το σκόρδο και μαγειρέψτε ένα λεπτό ακόμα. Σταδιακά ανακατεύουμε 6 φλιτζάνια από τον ζωμό. (Αν έχετε επιπλέον ζωμό, παγώστε τον για άλλη χρήση.) Προσθέστε τα υπόλοιπα φύλλα δάφνης και το θυμάρι, το καρύκευμα κρεόλ, το πιπέρι καγιέν και τη σάλτσα Worcestershire και αλατοπιπερώστε.

Προσθέτουμε το λουκάνικο και την πάπια και σιγοβράζουμε, σκεπασμένο, μέχρι να μαλακώσει η πάπια, περίπου 1 ώρα. Ανακατεύουμε με το μαϊντανό και το πράσινο κρεμμυδάκι.

Σερβίρουμε σε μπολ πάνω από το ρύζι με καυτερή σάλτσα και ζεστό γαλλικό ψωμί στο πλάι.

27. Braised Goose καı Foie Gras Jambalaya

ΚΑΝΕΙ 4-6 ΜΕΡΙΔΕΣ

ΣΥΣΤΑΤΙΚΑ

1 φλιτζάνι κρέας χήνας

6 ουγγιές φουά γκρα, ψιλοκομμένο

12 σκελίδες σκόρδο καθαρισμένες και ψιλοκομμένες

1 κρεμμύδι σε μέτρια κομμάτια

2 πράσινες πιπεριές, μέτριες σε κύβους

6 κοτσάνια σέλινου σε μέτρια κομμάτια

2 φύλλα δάφνης

1 κουταλάκι του γλυκού πιπέρι καγιέν

4 κουταλιές της σούπας αλάτι kosher, ή για γεύση

1/2 φλιτζάνι κόκκινο κρασί

2 φλιτζάνια ρύζι

4 φλιτζάνια ζωμός πουλερικών

1 κουταλιά της σούπας φρέσκο φασκόμηλο ψιλοκομμένο

1 κουταλιά της σούπας φρέσκο θυμάρι ψιλοκομμένο

Βράζουμε το κρέας της χήνας σε μέτριο τηγάνι σε δυνατή φωτιά, ανακατεύοντας, μέχρι να ροδίσει. Χαμηλώνουμε τη φωτιά, προσθέτουμε μικρή ποσότητα νερού, σκεπάζουμε καλά και μαγειρεύουμε μέχρι να μαλακώσει το κρέας, περίπου 1-2 ώρες.

Τοποθετήστε ένα τηγάνι με βαρύ πάτο σε μέτρια προς δυνατή φωτιά. Προσθέστε το φουά γκρα στο τηγάνι και ανακατέψτε να λιώσει για 5 δευτερόλεπτα. Προσθέστε το σκόρδο, το κρεμμύδι, την πιπεριά, το σέλινο, τα φύλλα δάφνης, το καγιέν και το αλάτι. Ανακατέψτε ομοιόμορφα με μια ξύλινη κουτάλα για 3-5 λεπτά ή μέχρι το κρεμμύδι να γίνει διάφανο και τα λαχανικά να μαλακώσουν και να αρχίσουν να ροδίζουν.

Προσθέτουμε το κρασί και ανακατεύουμε συνεχώς για να ξεκολλήσει το τηγάνι, αφήνοντας το υγρό να εξατμιστεί τελείως.

Προσθέστε το κρέας, το ρύζι και το ζωμό και αφήστε το τζαμπαλάγια να σιγοβράσει. Χαμηλώνουμε τη φωτιά, σκεπάζουμε το τηγάνι και ψήνουμε για 10 λεπτά. Σβήνουμε τη φωτιά, κρατάμε το τηγάνι σκεπασμένο και συνεχίζουμε τον ατμό μέχρι να ψηθεί το ρύζι μέχρι το τέλος. Αφράτε το ρύζι με ένα πιρούνι και προσθέστε το φασκόμηλο και το θυμάρι.

28. Μαύρο Τζαμπαλάγια

ΚΑΝΕΙ 10-12 ΜΕΡΙΔΕΣ

ΣΥΣΤΑΤΙΚΑ

1/4 φλιτζάνι φυτικό λάδι

1 κιλό καπνιστό λουκάνικο Λουιζιάνα, όπως andouille, chaurice ή φρέσκο κρεμμύδι, κομμένο σε γύρους πάχους 1/4 ίντσας

1 μεγάλο κρεμμύδι, κομμένο σε κύβους

3 κοτσάνια σέλινου, κομμένα σε κύβους

2 πιπεριές poblano, κομμένες σε κύβους

1/4 φλιτζάνι ψιλοκομμένο σκόρδο

1/2 κιλό καπνιστό χοιρινό πισινό (βλ. Σημείωση)

1/2 κιλό καπνιστούς μηρούς κοτόπουλου (βλ. Σημείωση)

1 (12 ουγκιά) κουτί μαυρομάτικα μπιζέλια

4 φλιτζάνια ζωμό, κατά προτίμηση χοιρινό (βλ. Σημείωση)

2 κουταλιές της σούπας φρέσκια ρίγανη ψιλοκομμένη

2 κουταλιές της σούπας ψιλοκομμένο πλατύφυλλο μαϊντανό

2 κουταλιές της σούπας φρέσκο θυμάρι ψιλοκομμένο

1 κουταλιά της σούπας αλάτι kosher

1 κουταλάκι του γλυκού φρεσκοτριμμένο μαύρο πιπέρι

1 κουταλάκι του γλυκού πιπέρι καγιέν

2 φλιτζάνια μακρόσκοκο ρύζι Uncle Ben's

Σε μια μεγάλη, βαριά κατσαρόλα, κατά προτίμηση μαύρο μαντέμι, ζεσταίνουμε το λάδι σε μέτρια φωτιά. Προσθέστε το λουκάνικο και μαγειρέψτε μέχρι να καμπυλώσει. Προσθέστε τα κρεμμύδια, το σέλινο, τις πιπεριές και το σκόρδο και σοτάρετε μέχρι να γίνουν διάφανα. Προσθέστε το χοιρινό και μαγειρέψτε για 5 λεπτά, ανακατεύοντας συχνά. Προσθέστε το κοτόπουλο και μαγειρέψτε άλλα 5 λεπτά. Προσθέστε τα μαυρομάτικα και μαγειρέψτε άλλα 5 λεπτά.

Προσθέστε ζωμό και αφήστε να σιγοβράσει. Προσθέστε τα μυρωδικά και τα καρυκεύματα και στη συνέχεια το ρύζι και αφήστε να σιγοβράσει. Σκεπάζουμε και μαγειρεύουμε σε χαμηλή φωτιά μέχρι να γίνει το ρύζι, περίπου 30 λεπτά.

ΣΗΜΕΙΩΣΗ * Αν δεν θέλετε να καπνίσετε το χοιρινό ή το κοτόπουλο, μπορείτε να το ψήσετε. Για να σιγοβράσει το χοιρινό, τρίψτε το με αλάτι και πιπέρι και ροδίστε το από όλες τις πλευρές σε ένα μαύρο τηγάνι και στη συνέχεια ψήστε το σε νερό στο μάτι της κουζίνας ή στο φούρνο μέχρι να πέσει το κρέας από τα κόκαλα. Στη συνέχεια, μπορείτε να χρησιμοποιήσετε το σιγοψήσιμο υγρό για το ζωμό. Για να ετοιμάσετε το κοτόπουλο, τρίψτε το με αλάτι και πιπέρι και ροδίστε το από όλες τις πλευρές σε υψηλή θερμοκρασία μέχρι να καραμελώσει και να ψηθεί κατά 75 τοις εκατό πριν το προσθέσετε σε κομμάτια σε μπουκιές στο τζαμπαλάγια.

29. Κοτόπουλο, γαρίδες και λουκάνικο Jambalaya

ΚΑΝΕΙ 6-8 ΜΕΡΙΔΕΣ

ΣΥΣΤΑΤΙΚΑ

1 κοτόπουλο, κομμένο σε 10 κομμάτια, χωρίζοντας το στήθος στα τέσσερα Αλάτι, φρεσκοτριμμένο μαύρο πιπέρι και καρύκευμα κρεόλ, για γεύση

1/4 φλιτζάνι φυτικό λάδι

1 κιλό καπνιστό λουκάνικο, κατά προτίμηση χοιρινό, κομμένο σε γύρους πάχους 1/4 ίντσας

1 μεγάλο κρεμμύδι, ψιλοκομμένο

6 φρέσκα κρεμμυδάκια, ψιλοκομμένα, πράσινα και λευκά μέρη χωρισμένα

1 πράσινη πιπεριά, ψιλοκομμένη

2 κοτσάνια σέλινου, ψιλοκομμένα

4 σκελίδες σκόρδο, ψιλοκομμένες

3 φλιτζάνια νερό, ή περισσότερο όσο χρειάζεται

1/2 κουταλάκι του γλυκού αλάτι

1/2 κουταλάκι του γλυκού φρεσκοτριμμένο μαύρο πιπέρι

1 κουταλιά της σούπας καρύκευμα κρεόλ

1 1/2 φλιτζάνι μακρόσκοκο λευκό ρύζι

2 κιλά γαρίδες, αποφλοιωμένες και αποφλοιωμένες ή 1 κιλό μέτρια αποφλοιωμένες και αποφλοιωμένες κατεψυγμένες γαρίδες, αποψυγμένες

1/3 φλιτζάνι ψιλοκομμένο ιταλικό πλατύφυλλο μαϊντανό

Ξεπλύνετε τα κομμάτια κοτόπουλου και στεγνώστε τα. Καρυκεύουμε από όλες τις πλευρές με αλάτι, φρεσκοτριμμένο μαύρο πιπέρι και καρυκεύματα κρεόλ. Ζεσταίνουμε το λάδι σε μια μεγάλη, βαριά κατσαρόλα. Όταν ζεσταθεί, ροδίζουμε το κοτόπουλο από όλες τις πλευρές και το μεταφέρουμε σε απορροφητικό χαρτί κουζίνας. Ροδίζουμε το λουκάνικο και το βγάζουμε από την κατσαρόλα.

Αν χρειαστεί προσθέτουμε αρκετό λάδι για να καλύψει τον πάτο της κατσαρόλας. Προσθέστε το κρεμμύδι, τα λευκά μέρη των φρέσκων κρεμμυδιών, την πιπεριά και το σέλινο και σοτάρετε μέχρι να γίνει διάφανο. Προσθέστε το σκόρδο και σοτάρετε ένα λεπτό ακόμα. Προσθέτουμε το νερό και τα μπαχαρικά και αφήνουμε να πάρει μια βράση σε δυνατή φωτιά. Προσθέτουμε το ρύζι, σκεπάζουμε και χαμηλώνουμε τη φωτιά. Σιγοβράζουμε για 20 λεπτά. Ανακατέψτε απαλά τις γαρίδες (σε αυτό το σημείο, πρέπει να υπάρχει ακόμα λίγο υγρό στον πάτο της κατσαρόλας. Αν όχι, προσθέστε 1/4 φλιτζάνι νερό για υγρασία όσο ψήνονται οι γαρίδες), το πράσινο κρεμμύδι και τον μαϊντανό και σιγοβράστε 10 λεπτά ακόμη, ή μέχρι να απορροφηθεί το νερό. Ανακατεύουμε απαλά για να μην σπάσουν τα υλικά.

Σερβίρετε ζεστό με ζεστό γαλλικό ψωμί και σαλάτα και καυτερή σάλτσα Λουιζιάνα στο πλάι.

30. Καραβίδες και λουκάνικο Jambalaya

ΚΑΝΕΙ 8-10 ΜΕΡΙΔΕΣ

ΣΥΣΤΑΤΙΚΑ

3 κουταλιές της σούπας φυτικό λάδι

1 μέτριο κρεμμύδι, ψιλοκομμένο

1 ματσάκι φρέσκα κρεμμυδάκια, ψιλοκομμένα, χωρισμένα τα λευκά και πράσινα μέρη

1 πράσινη πιπεριά, ψιλοκομμένη

2 κοτσάνια σέλινου, ψιλοκομμένα

3 σκελίδες σκόρδο, ψιλοκομμένες

1 κιλό καπνιστό λουκάνικο, κομμένο σε γύρους πάχους 1/4 ίντσας

1 (14,5 ουγγιές) κονσέρβα ντομάτες σε κύβους

1 κουταλιά της σούπας πελτέ ντομάτας

3 φλιτζάνια ζωμό θαλασσινών, κατά προτίμηση, ή ζωμό κοτόπουλου ή νερό

1/2 κουταλάκι του γλυκού αποξηραμένο θυμάρι

1/4 κουταλάκι του γλυκού καρύκευμα κρεόλ

1/2 κουταλάκι του γλυκού αλάτι

1/2 κουταλάκι του γλυκού φρεσκοτριμμένο μαύρο πιπέρι

1 κουταλάκι του γλυκού σάλτσα Worcestershire

1 1/2 φλιτζάνι ρύζι

1 κιλό ουρές καραβίδας Λουιζιάνα με λίπος

2 κουταλιές της σούπας ψιλοκομμένο πλατύφυλλο μαϊντανό

Ζεσταίνουμε το λάδι σε μια μεγάλη, βαριά κατσαρόλα. Προσθέστε το κρεμμύδι, τα λευκά μέρη των φρέσκων κρεμμυδιών, την πιπεριά και το σέλινο και σοτάρετε μέχρι να γίνει διάφανο. Προσθέστε το σκόρδο και το λουκάνικο και σοτάρετε μερικά λεπτά ακόμα. Προσθέστε τις ντομάτες, τον πελτέ ντομάτας και τον ζωμό και αφήστε να πάρει μια βράση. Προσθέτουμε τα καρυκεύματα εκτός από τον μαϊντανό, χαμηλώνουμε τη φωτιά, σκεπάζουμε και σιγοβράζουμε για 5 λεπτά. Ξαναβράζουμε και προσθέτουμε το ρύζι. Χαμηλώνουμε ξανά τη φωτιά και σιγοβράζουμε σκεπασμένο για 10 λεπτά. Προσθέστε τις καραβίδες και το πράσινο κρεμμυδάκι και σιγοβράστε μέχρι να απορροφηθούν τα υγρά, περίπου 20 λεπτά ακόμα. Αποσύρουμε από τη φωτιά και ρίχνουμε από πάνω τον μαϊντανό.

31. Παστελάγια

ΚΑΝΕΙ 6-8 ΜΕΡΙΔΕΣ

ΣΥΣΤΑΤΙΚΑ

3 κουταλιές της σούπας φυτικό λάδι όπως canola

1/2 λίβρα καπνιστό λουκάνικο, κομμένο σε γύρους πάχους 1/2 ίντσας

2 στήθη κοτόπουλου χωρίς κόκαλα, χωρίς πέτσα, κομμένα σε κύβους μεγέθους μπουκιάς

1 μεγάλο κρεμμύδι, ψιλοκομμένο

1/2 πράσινη πιπεριά, ψιλοκομμένη

2 κοτσάνια σέλινου, ψιλοκομμένα

6 φρέσκα κρεμμυδάκια, ψιλοκομμένα

3 μεγάλες σκελίδες σκόρδο, ψιλοκομμένες

1 (14,5 ουγγιές) κονσέρβα ντομάτες σε κύβους

3 φλιτζάνια ζωμό κότας, σπιτικό ή σε κονσέρβα

1/2 κουταλάκι του γλυκού αποξηραμένο θυμάρι

1/2 κουταλάκι του γλυκού καρύκευμα κρεόλ

Αλάτι και φρεσκοτριμμένο μαύρο πιπέρι, για γεύση

12 ουγκιές μακαρόνια ή άλλα ζυμαρικά

Ζεσταίνουμε το λάδι να ζεσταθεί σε μια μεγάλη, βαριά κατσαρόλα. Ροδίζουμε το λουκάνικο και από τις δύο πλευρές σε δυνατή φωτιά και το βγάζουμε από την κατσαρόλα. Ροδίζουμε τους κύβους του κοτόπουλου και βγάζουμε από την κατσαρόλα. Χαμηλώνουμε τη φωτιά σε μέτρια φωτιά σοτάρουμε το κρεμμύδι, την πιπεριά, το σέλινο και τα πράσινα κρεμμυδάκια μέχρι να μαραθούν. Προσθέστε το σκόρδο και σοτάρετε ένα λεπτό ακόμα. Προσθέτουμε τις ντομάτες και το ζωμό κοτόπουλου και επιστρέφουμε το λουκάνικο και το κοτόπουλο στην κατσαρόλα. Σιγοβράζουμε, σκεπασμένο, για 15 λεπτά.

Προσθέτουμε τα ζυμαρικά και τα ανακατεύουμε στο υγρό. Σιγοβράζουμε, σκεπασμένο, σε μέτρια προς χαμηλή φωτιά, ανακατεύοντας κατά διαστήματα, για άλλα 15 λεπτά ή μέχρι τα ζυμαρικά να γίνουν al dente και να απορροφήσουν τα περισσότερα υγρά.

32. Slow Cooker Jambalaya

ΚΑΝΕΙ 6-8 ΜΕΡΙΔΕΣ

ΣΥΣΤΑΤΙΚΑ

1 1/2 κιλό μπούτια κοτόπουλου χωρίς κόκαλα, ξεπλυμένα, κομμένα από το περιττό λίπος και κομμένα σε κύβους 1 ίντσας

3 σύνδεσμοι καπνιστό λουκάνικο Cajun (συνολικά περίπου 14 ουγκιές), κομμένο σε ροδέλες πάχους 1/4 ίντσας

1 μέτριο κρεμμύδι, ψιλοκομμένο

1 πράσινη πιπεριά, ψιλοκομμένη

1 κοτσάνι σέλινου, ψιλοκομμένο

3 σκελίδες σκόρδο, ψιλοκομμένες

2 κουταλιές της σούπας πελτέ ντομάτας

1 κουταλάκι του γλυκού καρύκευμα κρεόλ

1 κουταλάκι του γλυκού αλάτι

1/2 κουταλάκι του γλυκού φρεσκοτριμμένο μαύρο πιπέρι

1/2 κουταλάκι του γλυκού σάλτσα ταμπάσκο

1/2 κουταλάκι του γλυκού σάλτσα Worcestershire

2 φλιτζάνια ζωμό κότας

1 1/2 φλιτζάνι ρύζι με μακριά κόκκους

2 κιλά μέτριες γαρίδες, ξεφλουδισμένες και ξεφλουδισμένες (προαιρετικά)

Βάλτε όλα τα υλικά (εκτός από τις γαρίδες, αν χρησιμοποιείτε) σε μια αργή κουζίνα. Ανακατεύουμε, σκεπάζουμε και μαγειρεύουμε σε χαμηλή φωτιά για 5 ώρες.

Εάν χρησιμοποιείτε γαρίδες, ανακατέψτε τες απαλά μετά τις 5 ώρες μαγειρέματος και μαγειρέψτε σε υψηλή θερμοκρασία για 30 λεπτά έως 1 ώρα ακόμη ή μέχρι να γίνουν οι γαρίδες αλλά να μην έχουν παραψηθεί.

ΛΑΓΝΙΑΠΠΕ

33. Μπισκότα καραβίδας

ΚΑΝΕΙ 4 ΜΕΡΙΔΕΣ

ΣΥΣΤΑΤΙΚΑ

3 κουταλιές της σούπας συν 1/2 φλιτζάνι φυτικό λάδι, χωρισμένα

2 κιλά φρέσκες ουρές καραβίδας, χωρισμένες ή 2 κατεψυγμένες συσκευασίες (1 λίβρας), αποψυγμένες, χωρισμένες

1 κρεμμύδι, ψιλοκομμένο και χωρισμένο

1 ματσάκι φρέσκα κρεμμυδάκια, ψιλοκομμένα και χωρισμένα

1 πράσινη πιπεριά, ψιλοκομμένη και χωρισμένη

3 σκελίδες σκόρδο, ψιλοκομμένες και χωρισμένες

3/4 κουταλάκι του γλυκού αλάτι, χωρισμένο

3/4 κουταλάκι του γλυκού φρεσκοτριμμένο μαύρο πιπέρι, χωρισμένο

3/4 κουταλάκι του γλυκού καρύκευμα κρεόλ, χωρισμένο

2 φλιτζάνια ψίχουλα ψωμιού, φτιαγμένα σε επεξεργαστή τροφίμων από μπαγιάτικο γαλλικό ψωμί

1 αυγό, χτυπημένο

2/3 φλιτζάνι συν 1/2 φλιτζάνι αλεύρι για όλες τις χρήσεις, χωρισμένο

5 φλιτζάνια ζωμό θαλασσινών ή νερό

2 κουταλιές της σούπας πελτέ ντομάτας

Τσιμπάμε πιπέρι καγιέν, ή για γεύση

2 φλιτζάνια μαγειρεμένο μακρόσκοκο λευκό ρύζι

2 κουταλιές της σούπας ψιλοκομμένο πλατύφυλλο μαϊντανό

Προθερμαίνουμε το φούρνο στους 350°. Ψεκάστε ένα μεγάλο ταψί με αντικολλητικό σπρέι και αφήστε το στην άκρη.

Ζεσταίνουμε 3 κουταλιές της σούπας λάδι σε ένα μεγάλο τηγάνι και σοτάρουμε τα μισά κρεμμύδια, τα πράσινα κρεμμυδάκια, την πιπεριά και το σκόρδο. Προσθέστε 1 κιλό από τις καραβίδες και σοτάρετε για 5 λεπτά. Αφαιρέστε το μείγμα σε έναν επεξεργαστή τροφίμων και αλέστε μέχρι την υφή του κιμά. Μεταφέρετε το μείγμα σε ένα μπολ και προσθέστε 1/4 κουταλάκι του γλυκού αλάτι, 1/4 κουταλάκι του γλυκού πιπέρι, 1/4 κουταλάκι του γλυκού καρύκευμα Creole, το τρίμμα ψωμιού και το αυγό και ανακατέψτε καλά.

Σε ένα ρηχό ταψί βάζουμε τα 2/3 του φλιτζανιού από το αλεύρι. Τυλίξτε το μείγμα σε μπάλες 1 ίντσας. Τυλίξτε τα μπαλάκια στο αλεύρι και βάλτε τα στο ταψί. Ψήνουμε, γυρίζοντας τις μπάλες πολλές φορές, μέχρι να ροδίσουν ελαφρά παντού, περίπου 35 λεπτά. Αφήνω στην άκρη.

Ζεσταίνουμε το υπόλοιπο λάδι σε μια μέτρια, βαριά κατσαρόλα σε μέτρια προς δυνατή φωτιά. Προσθέστε το υπόλοιπο αλεύρι, ανακατεύοντας συνεχώς, μέχρι να πάρει ένα χρώμα φυστικοβούτυρου. Προσθέστε τα υπόλοιπα κρεμμύδια, την πιπεριά και το σκόρδο και μαγειρέψτε μέχρι να γίνουν διάφανα. Προσθέστε το ζωμό ή το νερό, τον πελτέ ντομάτας, το υπόλοιπο αλάτι, πιπέρι και το καρύκευμα κρεόλ και το πιπέρι καγιέν και σιγοβράστε σκεπασμένο για 15 λεπτά.

Ψιλοκόβουμε τις υπόλοιπες ουρές της καραβίδας και τις προσθέτουμε στο μπισκότο και συνεχίζουμε το μαγείρεμα για 15 λεπτά. Για ένα λείο μπισκότο, ανακατεύουμε με ένα μπλέντερ χειρός. Προσθέστε τις μπάλες καραβίδας και σιγοβράστε για άλλα 5 λεπτά.

Σερβίρουμε σε μπολ πάνω από το ρύζι. Πασπαλίζουμε με μαϊντανό.

34. Καραβίδα Étouffée

ΚΑΝΕΙ 8-10 ΜΕΡΙΔΕΣ Ή ΑΡΚΕΤΕΣ ΓΙΑ ΠΛΗΘΟΣ ΣΕ ΜΠΟΥΦΕ ΠΑΡΤΙ

ΣΥΣΤΑΤΙΚΑ

3/4 φλιτζάνι βούτυρο ή φυτικό λάδι

3/4 φλιτζανιού αλεύρι για όλες τις χρήσεις

1 μεγάλο κρεμμύδι, ψιλοκομμένο

1 ματσάκι φρέσκα κρεμμυδάκια, ψιλοκομμένα, χωρισμένα τα λευκά και πράσινα μέρη

1 πράσινη πιπεριά, ψιλοκομμένη

3 κοτσάνια σέλινου, ψιλοκομμένα.

4 μεγάλες σκελίδες σκόρδο, ψιλοκομμένες

3 κουταλιές της σούπας πελτέ ντομάτας

6 φλιτζάνια ζωμό θαλασσινών ή νερό (βλ. Σημείωση)

1/2 κουταλάκι του γλυκού αποξηραμένο θυμάρι

3 φύλλα δάφνης

1 κουταλάκι του γλυκού καρύκευμα κρεόλ

1 κουταλάκι του γλυκού αλάτι

1 κουταλιά της σούπας φρέσκο χυμό λεμονιού

Πιπέρι καγιέν και φρεσκοτριμμένο μαύρο πιπέρι, για γεύση

2-3 κιλά ουρές καραβίδας με λίπος

3 κουταλιές της σούπας ψιλοκομμένο πλατύφυλλο μαϊντανό

Μαγειρεμένο μακρόσκοκο λευκό ρύζι, για το σερβίρισμα

Σε μια μεγάλη, βαριά κατσαρόλα λιώνουμε το βούτυρο ή ζεσταίνουμε το λάδι σε μέτρια φωτιά. Προσθέτουμε το αλεύρι και ανακατεύουμε συνεχώς. Αν χρησιμοποιείτε βούτυρο, μαγειρέψτε το roux μέχρι να πάρει ένα ξανθό ή χρυσαφί χρώμα. Εάν χρησιμοποιείτε λάδι, συνεχίστε το μαγείρεμα, ανακατεύοντας, μέχρι να ροδίσει το roux. Προσθέστε τα κρεμμύδια, τα λευκά μέρη των φρέσκων κρεμμυδιών, τις πιπεριές, το σέλινο και το σκόρδο και σοτάρετε ανακατεύοντας μέχρι να γίνουν διάφανα.

Προσθέστε τον πελτέ ντομάτας, το ζωμό ή το νερό, το θυμάρι, τα φύλλα δάφνης, το καρύκευμα κρεόλ, το αλάτι και το χυμό λεμονιού, αλατοπιπερώστε το καγιέν και το πιπέρι και αφήστε τα να βράσουν. Χαμηλώνουμε τη φωτιά, σκεπάζουμε και σιγοβράζουμε για 20 λεπτά, ανακατεύοντας κατά διαστήματα και αφαιρώντας το λίπος από πάνω. Προσθέστε τις καραβίδες, το μαϊντανό και το πράσινο κρεμμυδάκι, αφήστε να πάρει μια βράση, μειώστε τη φωτιά και σιγοβράστε για 10 λεπτά. Αφαιρέστε τα φύλλα δάφνης.

Όταν είναι έτοιμο για σερβίρισμα, ξαναζεσταίνετε απαλά και σερβίρετε πάνω από το ρύζι.

35. Καραβόπιτες

ΦΤΙΑΧΝΕΙ 5 (5-ΙΝΤΣΕΣ) ΑΤΟΜΙΚΕΣ ΠΙΤΕΣ

ΣΥΣΤΑΤΙΚΑ

Αρκετή ζύμη για τέσσερις πίτες 9 ιντσών (η αγορά από το κατάστημα είναι μια χαρά)

2 κιλά ουρές καραβίδας με λίπος, χωρισμένες

6 κουταλιές της σούπας βούτυρο

6 κουταλιές της σούπας αλεύρι για όλες τις χρήσεις

2 μέτρια κρεμμύδια, ψιλοκομμένα

1 πράσινη πιπεριά, ψιλοκομμένη

4 σκελίδες σκόρδο, ψιλοκομμένες

2 φλιτζάνια μισό-μισό

4 κουταλιές της σούπας σέρι

2 κουταλιές της σούπας φρέσκο χυμό λεμονιού

1 κουταλάκι του γλυκού αλάτι

15 στροφές σε μύλο μαύρου πιπεριού

1 κουταλάκι του γλυκού πιπέρι καγιέν

4 κουταλιές της σούπας μαϊντανό πλατύφυλλο ψιλοκομμένο

1 ασπράδι αβγού, χτυπημένο

Προθερμαίνουμε το φούρνο στους 350°.

Ανοίξτε τη ζύμη της πίτας σε πάχος 1/8 ίντσας. Θα πρέπει να έχετε αρκετή ζύμη για πέντε πίτες 5 ιντσών με διπλή κρούστα. Για να έχετε το σωστό μέγεθος για την κάτω κρούστα, τοποθετήστε ένα από τα ταψιά ανάποδα στη ζύμη και κόψτε τη ζύμη 1 ίντσα από την άκρη του ταψιού. Οι κορυφαίες κρούστες πρέπει να κοπούν σε 5 ίντσες για την καλύτερη εφαρμογή. Τοποθετούμε τις κάτω κρούστες στα ταψιά της πίτας και κρατάμε τις πάνω κρούστες κρύες στο ψυγείο.

Σε έναν επεξεργαστή τροφίμων, ψιλοκόψτε τις μισές ουρές καραβίδας μέχρι να αλεσθούν σχεδόν. Αφήστε τους άλλους ολόκληρους.

Λιώστε το βούτυρο σε μια μέτρια, βαριά κατσαρόλα ή ένα μεγάλο τηγάνι σε μέτρια φωτιά. Προσθέτουμε το αλεύρι και ανακατεύουμε συνεχώς μέχρι να ροδίσει το ρου. Προσθέστε το κρεμμύδι και την πιπεριά και σοτάρετε για περίπου 5 λεπτά. Προσθέστε το σκόρδο και σοτάρετε 1 λεπτό ακόμα. Προσθέστε το μισό μισό, το σέρι, το χυμό λεμονιού, αλάτι, πιπέρι, το καγιέν και τον μαϊντανό και μαγειρέψτε για 5 λεπτά. Προσθέστε την ψιλοκομμένη και ολόκληρη καραβίδα και μαγειρέψτε 5 λεπτά ακόμα.

Γεμίστε κάθε ένα από τα προετοιμασμένα κοχύλια πίτας με περίπου 1 φλιτζάνι γέμιση καραβίδας. Καλύπτουμε με την επάνω κρούστα και τσακίζουμε τις άκρες. Κόβουμε πολλές σχισμές στην πάνω κρούστα και αλείφουμε με το ασπράδι. Τοποθετούμε τις πίτες σε λαμαρίνες και τις ψήνουμε μέχρι να αφρατέψει η γέμιση και να ροδίσουν οι κρούστες, περίπου 1 ώρα.

36. Βρώμικο ρύζι

ΚΑΝΕΙ 8-10 ΜΕΡΙΔΕΣ

ΣΥΣΤΑΤΙΚΑ

3 φλιτζάνια νερό

1 1/2 φλιτζάνι μακρόσκοκο λευκό ρύζι

1/4 συν 1 κουταλάκι του γλυκού αλάτι, χωρισμένο

2 κουταλιές της σούπας φυτικό λάδι

1 κρεμμύδι, ψιλοκομμένο

6 φρέσκα κρεμμυδάκια, ψιλοκομμένα, χωρισμένα τα λευκά και πράσινα μέρη

1 πράσινη πιπεριά, ψιλοκομμένη

2 κοτσάνια σέλινου, ψιλοκομμένα

3 σκελίδες σκόρδο, ψιλοκομμένες

1 κιλό μοσχαρίσιος κιμάς

1 κιλό συκωτάκια κοτόπουλου, ψιλοκομμένα

1/2 κουταλάκι του γλυκού φρεσκοτριμμένο μαύρο πιπέρι

1/2 κουταλάκι του γλυκού πιπέρι καγιέν

1/3 φλιτζάνι ψιλοκομμένο πλατύφυλλο μαϊντανό

Βάζουμε το νερό να βράσει σε μια μέτρια κατσαρόλα. Προσθέστε το ρύζι και 1/4 κουταλάκι του γλυκού αλάτι. Χαμηλώνουμε τη φωτιά, σκεπάζουμε και μαγειρεύουμε μέχρι να απορροφηθεί όλο το νερό, περίπου 20 λεπτά.

Σε μια μέτρια, βαριά κατσαρόλα ζεσταίνουμε το λάδι και σοτάρουμε το κρεμμύδι, τα λευκά μέρη των φρέσκων κρεμμυδιών, την πιπεριά και το σέλινο μέχρι να γίνουν διάφανα. Προσθέστε το σκόρδο και σοτάρετε ένα λεπτό ακόμα. Προσθέστε τον κιμά και ροδίστε, ανακατεύοντας. Προσθέστε τα συκωτάκια κοτόπουλου και συνεχίστε το μαγείρεμα και το ανακάτεμα μέχρι να ψηθούν το βόειο κρέας και τα συκωτάκια, περίπου 10 λεπτά. Προσθέτουμε το πιπέρι και το καγιέν, σκεπάζουμε και σιγοβράζουμε για 5 λεπτά.

Ανακατεύουμε με το μαϊντανό και το πράσινο κρεμμυδάκι. Ρίξτε απαλά το ρύζι. Σερβίρουμε με καυτή σάλτσα Λουιζιάνα στο πλάι.

37. Αυγά Σάρδου

ΚΑΝΕΙ 4 ΜΕΡΙΔΕΣ

ΣΥΣΤΑΤΙΚΑ

ΓΙΑ ΤΗ ΣΑΛΤΣΑ ΟΛΛΑΝΔΑΖ

2 μεγάλοι κρόκοι αυγών

1 1/2 κουταλιά της σούπας φρέσκο χυμό λεμονιού

2 ξυλάκια ανάλατο βούτυρο

Αλάτι και φρεσκοτριμμένο μαύρο πιπέρι, για γεύση

ΓΙΑ ΤΑ ΑΥΓΑ

2 (9 ουγκιές) σακούλες φρέσκο σπανάκι

1 κουταλιά της σούπας ελαιόλαδο

1 κουταλάκι του γλυκού ψιλοκομμένο σκόρδο

1/3 φλιτζάνι κρέμα παχύρρευστη

Αλάτι και φρεσκοτριμμένο μαύρο πιπέρι, για γεύση

8 φρεσκομαγειρεμένοι ή κονσερβοποιημένοι πάτοι αγκινάρας

2 κουταλιές της σούπας λευκό ξύδι

8 αυγά

Για να φτιάξετε τη σάλτσα, βάζετε τους κρόκους των αυγών και το χυμό λεμονιού στο μπλέντερ. Παλμούς πολλές φορές για να αναμειχθεί.

Λιώστε το βούτυρο σε μια γυάλινη κανάτα στο φούρνο μικροκυμάτων, προσέχοντας να μην βράσει. Ρίχνετε σταδιακά το βούτυρο στο μείγμα των αυγών και ανακατεύετε μέχρι να σχηματιστεί μια παχύρρευστη, κρεμώδης σάλτσα. Αλατοπιπερώνουμε.

Για να φτιάξετε τα αυγά, ετοιμάζετε το σπανάκι σοτάροντάς το με το ελαιόλαδο σε μια κατσαρόλα, ανακατεύοντας, μέχρι να μαραθεί και να γίνει ακόμα ανοιχτό πράσινο. Ανακατεύουμε με την κρέμα, αλατοπιπερώνουμε και κρατάμε ζεστή.

Ζεσταίνουμε τους πάτους της αγκινάρας και κρατάμε ζεστούς.

Γεμίστε ένα τηγάνι ή μια ρηχή κατσαρόλα με 2 1/2 ίντσες νερό. Προσθέστε το ξύδι και ζεστάνετε σε μέτρια φωτιά.

Ένα κάθε φορά, σπάστε 4 από τα αυγά σε ένα μικρό φλιτζάνι και ρίξτε τα απαλά στο νερό. Σιγοβράζουμε τα αυγά μέχρι να φτάσουν στην κορυφή του υγρού και μετά τα αναποδογυρίζουμε με ένα κουτάλι. Μαγειρέψτε μέχρι να δέσουν τα ασπράδια αλλά οι κρόκοι να είναι ακόμα ρευστοί. Αφαιρούμε με τρυπητή κουτάλα και στεγνώνουμε με χαρτί κουζίνας. Επαναλάβετε με τα υπόλοιπα αυγά.

Ρίξτε μια μερίδα από το σπανάκι σε κάθε ένα από τα 4 πιάτα. Τοποθετήστε 2 πάτους αγκινάρας σε κάθε πιάτο πάνω από το σπανάκι και βάλτε ένα αυγό σε κάθε αγκινάρα. Περιχύνουμε με ένα κουτάλι τη σάλτσα hollandaise και σερβίρουμε αμέσως.

38. Grits και Grillades

ΚΑΝΕΙ 6 ΜΕΡΙΔΕΣ

ΣΥΣΤΑΤΙΚΑ

1 (3 λίβρες) μοσχαρίσιο ή μοσχάρι στρογγυλή μπριζόλα, κοπανισμένη σε πάχος περίπου 1/4 ίντσας

Αλάτι και φρεσκοτριμμένο μαύρο πιπέρι, για γεύση

1 φλιτζάνι αλεύρι για όλες τις χρήσεις

3/4 φλιτζάνι φυτικό λάδι, χωρισμένο

1 μεγάλο κρεμμύδι, ψιλοκομμένο

1 πράσινη πιπεριά, ψιλοκομμένη

1 ματσάκι φρέσκα κρεμμυδάκια, ψιλοκομμένα, πράσινα και λευκά μέρη χωρισμένα

3 σκελίδες σκόρδο, ψιλοκομμένες

1 μεγάλη ντομάτα, ψιλοκομμένη

1 κουταλιά της σούπας πελτέ ντομάτας

1/2 φλιτζάνι κόκκινο κρασί

3 φλιτζάνια νερό

1 κουταλάκι του γλυκού ξύδι από κόκκινο κρασί

1/2 κουταλάκι του γλυκού αποξηραμένο θυμάρι

1 κουταλιά της σούπας σάλτσα Worcestershire

Αλάτι, φρεσκοτριμμένο μαύρο πιπέρι και καρυκεύματα κρεόλ, για γεύση

3 κουταλιές της σούπας ψιλοκομμένο πλατύφυλλο μαϊντανό

Τρίψιμο για το σερβίρισμα 6, ψημένο σύμφωνα με τις οδηγίες της συσκευασίας

Κόψτε το βόειο κρέας σε κομμάτια περίπου 2 × 3 ιντσών. Αλατοπιπερώνουμε και τις δύο πλευρές γενναιόδωρα.

Ζεσταίνουμε 1/4 φλιτζάνι λάδι σε ένα μεγάλο, βαρύ τηγάνι και βάζουμε το αλεύρι σε ένα ρηχό μπολ ή πιάτο. Ρίξτε κάθε κομμάτι μπριζόλα στο αλεύρι, τινάξτε την περίσσεια και ροδίστε και από τις δύο πλευρές. Μεταφέρετε το κρέας σε απορροφητικό χαρτί.

Προσθέστε το υπόλοιπο λάδι στο τηγάνι και σοτάρετε τα κρεμμύδια, τα λευκά μέρη των φρέσκων κρεμμυδιών, την πιπεριά και το σκόρδο μέχρι να γίνουν διάφανα. Προσθέστε την ντομάτα, τον πελτέ ντομάτας, το κρασί, το νερό, το ξύδι, το θυμάρι, τη σάλτσα Worcestershire και το κρέας και αλατοπιπερώστε και καρυκεύματα κρεόλ. Αφήστε να πάρει μια βράση. Χαμηλώνουμε τη φωτιά, σκεπάζουμε και σιγοβράζουμε μέχρι να μαλακώσει το κρέας, περίπου 1 1/2 ώρα. Προσθέτουμε τον μαϊντανό και το πράσινο κρεμμυδάκι και σερβίρουμε πάνω από τον κόκκο.

39. Κρεατόπιτες Natchitoches

ΚΑΝΕΙ ΠΕΡΙΠΟΥ 24

ΣΥΣΤΑΤΙΚΑ

2 κουταλιές της σούπας φυτικό λάδι

1 μεγάλο κρεμμύδι, ψιλοκομμένο

6 φρέσκα κρεμμυδάκια, ψιλοκομμένα

1 πράσινη πιπεριά, ψιλοκομμένη

3 σκελίδες σκόρδο, ψιλοκομμένες

1 κιλό μοσχαρίσιος κιμάς

1 κιλό κιμά χοιρινό

1 κουταλάκι του γλυκού καρύκευμα κρεόλ

1/2 κουταλάκι του γλυκού αλάτι

1/2 κουταλάκι του γλυκού φρεσκοτριμμένο μαύρο πιπέρι

1/4 κουταλάκι του γλυκού πιπέρι καγιέν

1/4 φλιτζάνι αλεύρι για όλες τις χρήσεις

1 πακέτο (2 κρούστες) κρούστα ψύξης

2 ασπράδια, χτυπημένα

Σε ένα μεγάλο, βαρύ τηγάνι ζεσταίνουμε το λάδι. Προσθέστε τα λαχανικά και σοτάρετε μέχρι να γίνουν διάφανα. Προσθέστε το κρέας και μαγειρέψτε, ανακατεύοντας κατά διαστήματα, σε δυνατή φωτιά για λίγα λεπτά. Χαμηλώνουμε τη φωτιά και συνεχίζουμε το ψήσιμο, ψιλοκόβουμε το κρέας με ένα κουτάλι, μέχρι να ροδίσει καλά. Προσθέτουμε τα καρυκεύματα και το αλεύρι και συνεχίζουμε το βράσιμο για 10 λεπτά. Αποσύρουμε από τη φωτιά. Η γέμιση μπορεί να γίνει από πριν και να καταψυχθεί μέχρι να είστε έτοιμοι να τη χρησιμοποιήσετε.

Όταν είστε έτοιμοι να φτιάξετε τις πίτες, προθερμαίνετε το φούρνο στους 350°. Ψεκάστε 2 φύλλα μπισκότων με αντικολλητικό μαγειρικό σπρέι.

Τοποθετούμε τις κρούστες στο ψυγείο σε μια επίπεδη επιφάνεια και τις απλώνουμε ελαφρώς πιο αραιές. Χρησιμοποιώντας ένα μεσαίο κόφτη μπισκότων, κόψτε κύκλους. Τοποθετήστε μια γεμάτη κουταλιά της σούπας από τη γέμιση στο μισό κάθε κύκλου, αφήνοντας την άκρη καθαρή. Αυτό θα είναι το κάτω μέρος της πίτας. Γεμίστε ένα μικρό μπολ με νερό. Βουτήξτε το δάχτυλό σας στο νερό και βρέξτε την άκρη του κάτω μισού της ζύμης και διπλώστε την επάνω για να σχηματιστεί μια ανανέωση. Κλείστε τις άκρες μαζί με τα δόντια ενός πιρουνιού και τοποθετήστε τις πίτες σε απόσταση περίπου 1 ίντσας μεταξύ τους στα προετοιμασμένα φύλλα μπισκότων.

Αλείφουμε τις πίτες με ασπράδια αυγών και κάνουμε μερικές μικρές σχισμές στην κορυφή κάθε πίτας. Ψήνουμε μέχρι να ροδίσουν.

40. Oyster Artichoke Gumbo

ΚΑΝΕΙ 6-8 ΜΕΡΙΔΕΣ

ΣΥΣΤΑΤΙΚΑ

3 ντουζίνες στρείδια με το ποτό τους, συν επιπλέον ποτό, εάν υπάρχει

1 ξυλάκι βούτυρο

1/2 φλιτζάνι αλεύρι για όλες τις χρήσεις

1 μεγάλο κρεμμύδι, ψιλοκομμένο

6 φρέσκα κρεμμυδάκια, ψιλοκομμένα, χωρισμένα τα λευκά και πράσινα μέρη

2 κοτσάνια σέλινου, ψιλοκομμένα

4 μεγάλες σκελίδες σκόρδο, ψιλοκομμένες

6 φλιτζάνια λικέρ από στρείδια και ζωμός θαλασσινών (ή, σε μια πρέζα, ζωμός κοτόπουλου)

1 κουτί (14 ουγγιές) καρδιές αγκινάρας κομμένες στα τέσσερα, στραγγισμένες και κομμένες σε κομμάτια μεγέθους μπουκιάς

1/4 κουταλάκι του γλυκού πιπέρι καγιέν

1 κουταλάκι του γλυκού καρύκευμα κρεόλ

1/2 κουταλάκι του γλυκού αλάτι σέλινο

1 κουταλάκι του γλυκού σάλτσα Worcestershire

Αλάτι και φρεσκοτριμμένο μαύρο πιπέρι, για γεύση

1 φλιτζάνι μισό-μισό

2 κουταλιές της σούπας ψιλοκομμένο πλατύφυλλο μαϊντανό

Στραγγίζουμε τα στρείδια και κρατάμε το ποτό. Ελέγξτε τα στρείδια για θραύσματα κελύφους και αφήστε τα στην άκρη.

Σε μια βαριά κατσαρόλα λιώνουμε το βούτυρο σε χαμηλή φωτιά και προσθέτουμε το αλεύρι, ανακατεύοντας συνεχώς, μέχρι να πήξει και μόλις αρχίσει να ροδίζει (ένα ξανθό ρου). Προσθέστε το κρεμμύδι, τα λευκά μέρη των φρέσκων κρεμμυδιών και το σέλινο και σοτάρετε μέχρι να μαραθούν. Προσθέστε το σκόρδο και σοτάρετε άλλο ένα λεπτό.

Προσθέστε το λικέρ στρειδιών, το ζωμό, τις αγκινάρες, το πιπέρι καγιέν, τα καρυκεύματα κρεόλ, το αλάτι σέλινο και τη σάλτσα Worcestershire και αλατοπιπερώστε (ξεκινήστε με μικρή ποσότητα αλατιού, καθώς τα στρείδια μπορεί να είναι αλμυρά). Σκεπάζουμε και σιγοβράζουμε για 10 λεπτά. Προσθέτουμε το μισό-μισό, το αφήνουμε σχεδόν να πάρει μια βράση και προσθέτουμε τα στρείδια. Χαμηλώνουμε τη φωτιά και σιγοβράζουμε για αρκετά λεπτά ή μέχρι να καμπυλώσουν τα στρείδια. Σβήνουμε τη φωτιά και ανακατεύουμε τα πράσινα κρεμμυδάκια και το μαϊντανό. Προσαρμόστε τα καρυκεύματα πριν σερβίρετε.

41. Ντύσιμο με στρείδια

ΚΑΝΕΙ 8-10 ΜΕΡΙΔΕΣ

ΣΥΣΤΑΤΙΚΑ

1 φραντζόλα γαλλικό ψωμί 1 ημέρας, κομμένο σε μπουκιές

3 ντουζίνες στρείδια, στραγγισμένα και δεσμευμένα ποτά

Λικέρ από στρείδια και αρκετό ζωμό κοτόπουλου ή γαλοπούλας για να γίνουν 2 φλιτζάνια

1 ξυλάκι βούτυρο

1 κρεμμύδι, ψιλοκομμένο

1 ματσάκι φρέσκα κρεμμυδάκια, ψιλοκομμένα

3 κοτσάνια σέλινου, ψιλοκομμένα

3 σκελίδες σκόρδο, ψιλοκομμένες

3 κουταλιές της σούπας ψιλοκομμένο πλατύφυλλο μαϊντανό

1/2 κουταλάκι του γλυκού αλάτι, ή για γεύση

12 στροφές σε μύλο μαύρου πιπεριού

1/2 κουταλάκι του γλυκού πιπέρι καγιέν, ή για γεύση

1 κουταλάκι του γλυκού αλεσμένο φασκόμηλο

2 αυγά χτυπημένα

Βάζουμε το ψωμί σε ένα μεγάλο μπολ, το σκεπάζουμε με το ζωμό και το αφήνουμε να μουλιάσει για 1 ώρα. Ελέγξτε τα στρείδια και αφαιρέστε τυχόν θραύσματα κελύφους.

Προθερμαίνουμε το φούρνο στους 350°. Λιώνουμε το βούτυρο σε ένα τηγάνι και σοτάρουμε τα κρεμμύδια και το σέλινο μέχρι να γίνουν διάφανα. Προσθέστε το σκόρδο και σοτάρετε ένα λεπτό ακόμα. Προσθέστε τα λαχανικά στο ψωμί, μαζί με τον μαϊντανό, τα καρυκεύματα και τα αυγά. Ανακατέψτε καλά.

Απλώστε το dressing σε ένα ταψί 11 × 13 ιντσών ή 2 μικρότερα και ψήστε μέχρι να φουσκώσει και να ροδίσει από πάνω, περίπου 45 λεπτά.

42. Oyster Pot Pie

ΚΑΝΕΙ 6 ΜΕΡΙΔΕΣ

ΣΥΣΤΑΤΙΚΑ

2 ντουζίνες μεγάλα ή 3 δωδεκάδες μικρά στρείδια, με το ποτό τους

1 φλιτζάνι φρέσκα μανιτάρια σε φέτες

1 κουταλιά της σούπας βούτυρο

4 κουταλιές της σούπας φυτικό λάδι

4 κουταλιές της σούπας αλεύρι για όλες τις χρήσεις

6 φρέσκα κρεμμυδάκια, ψιλοκομμένα, χωρισμένα τα λευκά και πράσινα μέρη

1/2 πράσινη πιπεριά, ψιλοκομμένη

1 κοτσάνι σέλινου, ψιλοκομμένο

2 μεγάλες σκελίδες σκόρδο, ψιλοκομμένες

1/4 φλιτζανιού λουκάνικο andouille ή καπνιστό ζαμπόν, κομμένο σε κομμάτια 1/4 ίντσας

1 κουταλάκι του γλυκού καρύκευμα κρεόλ

1 κουταλάκι του γλυκού σάλτσα Worcestershire

2 δόσεις σάλτσα Tabasco

2 κουταλιές της σούπας ψιλοκομμένο πλατύφυλλο μαϊντανό

Αλάτι και φρεσκοτριμμένο μαύρο πιπέρι, για γεύση

2 κρούστες, σπιτικές ή αγορασμένες στο ψυγείο

1 ασπράδι αβγού, χτυπημένο

Στραγγίστε τα στρείδια και ρίξτε το λικέρ σε ένα μεγάλο μεζούρα. προσθέστε αρκετό νερό για να γίνει 1 φλ. Ελέγξτε τα στρείδια για θραύσματα κελύφους και αφήστε τα στην άκρη.

Ζεσταίνουμε το βούτυρο σε ένα μικρό τηγάνι και σοτάρουμε τα μανιτάρια μέχρι να μαλακώσουν. Αφήνω στην άκρη.

Σε ένα μεγάλο τηγάνι ή σε μέτρια κατσαρόλα ζεσταίνουμε το λάδι σε δυνατή φωτιά. προσθέτουμε το αλεύρι και ανακατεύουμε συνεχώς μέχρι να αρχίσει να ροδίζει το ρου. Χαμηλώνουμε τη φωτιά σε μέτρια και μαγειρεύουμε, ανακατεύοντας συνεχώς, μέχρι το roux να πάρει το χρώμα της σοκολάτας γάλακτος. Προσθέστε τα κρεμμύδια, τα λευκά μέρη των φρέσκων κρεμμυδιών, την πιπεριά και το σέλινο και μαγειρέψτε μέχρι να μαραθούν. Προσθέστε το σκόρδο και μαγειρέψτε ένα λεπτό ακόμα. Προσθέστε το λικέρ στρειδιών, το λουκάνικο ή το ζαμπόν, τα καρυκεύματα κρεόλ, τη σάλτσα Worcestershire και τη σάλτσα Tabasco. Σκεπάζουμε, χαμηλώνουμε τη φωτιά σε βράση και μαγειρεύουμε για 15 λεπτά.

Δυναμώνουμε τη φωτιά σε μέτρια προς δυνατή και προσθέτουμε τα μανιτάρια και τα στρείδια. Μαγειρέψτε μέχρι να καμπυλώσουν τα στρείδια, περίπου 4 λεπτά. Σβήνουμε τη φωτιά και ανακατεύουμε τα πράσινα κρεμμυδάκια και το μαϊντανό. Αλατοπιπερώνουμε. Δροσερός.

Προθερμαίνουμε το φούρνο στους 350°. Τοποθετούμε μια από τις κρούστες στο πιάτο της πίτας. Προσθέστε το μείγμα των στρειδιών και καλύψτε με την πάνω κρούστα, τσακίζοντας τις άκρες. Κόψτε πολλές σχισμές στην πάνω κρούστα για να απελευθερωθεί ο ατμός και αλείψτε την κρούστα με το ασπράδι. Ψήνουμε για 45 λεπτά ή μέχρι να ροδίσει η ζύμη.

43. Oyster Rockefeller Gumbo

ΚΑΝΕΙ 6 ΜΕΡΙΔΕΣ

ΣΥΣΤΑΤΙΚΑ

1 λίτρο στρείδια με το ποτό τους ή 3 ντουζίνες στρείδια με 3-5 φλιτζάνια λικέρ

1 ξυλάκι βούτυρο

1/2 φλιτζάνι αλεύρι για όλες τις χρήσεις

1 ματσάκι φρέσκα κρεμμυδάκια, ψιλοκομμένα

1/2 φλιτζάνι ψιλοκομμένη πράσινη πιπεριά

1/2 φλιτζάνι σέλινο ψιλοκομμένο

1 κουταλάκι του γλυκού ψιλοκομμένο σκόρδο

1 (10 ουγκιές) κουτί κατεψυγμένο ψιλοκομμένο σπανάκι, αποψυγμένο

1/4 φλιτζάνι ψιλοκομμένο φρέσκο γλυκό βασιλικό

5 φλιτζάνια λικέρ από στρείδια ή/και ζωμό θαλασσινών

2 κουταλιές της σούπας Herbsaint ή Pernod

1/2 κουταλάκι του γλυκού καρύκευμα κρεόλ

Σάλτσα ταμπάσκο, για γεύση

2 κουταλάκια του γλυκού σάλτσα Worcestershire

Λευκό πιπέρι, για γεύση

1/2 φλιτζάνι ψιλοκομμένο πλατύφυλλο μαϊντανό

1 φλιτζάνι μισό-μισό

Αλάτι, για γεύση

Στραγγίζουμε τα στρείδια, κρατώντας το ποτό. Ελέγξτε τα στρείδια και πετάξτε τυχόν κέλυφος. Αφήνω στην άκρη.

Λιώστε το βούτυρο σε μια μεγάλη, βαριά κατσαρόλα. Προσθέτουμε το αλεύρι και ανακατεύουμε συνεχώς σε μέτρια φωτιά να γίνει ένα ξανθό ρου. Προσθέστε τα κρεμμύδια, την πιπεριά και το σέλινο και σοτάρετε μέχρι να γίνουν διάφανα. Προσθέστε το σκόρδο, το σπανάκι και τον βασιλικό και σοτάρετε ένα λεπτό ακόμα. Προσθέστε σταδιακά το λικέρ στρειδιών και/ή το ζωμό θαλασσινών και ανακατέψτε μέχρι να ομογενοποιηθούν καλά. Προσθέστε το Herbsaint ή Pernod, το καρύκευμα Creole, τη σάλτσα Tabasco και τη σάλτσα Worcestershire και καρυκεύστε με πιπέρι. Σκεπάζουμε, χαμηλώνουμε τη φωτιά και σιγοβράζουμε για 15 λεπτά.

Δοκιμάστε και προσαρμόστε τα καρυκεύματα. Προσθέστε αλάτι σε αυτό το σημείο, αν χρειάζεται, ανάλογα με το πόσο αλμυρά είναι τα στρείδια. Προσθέστε τον μαϊντανό, το μισό-μισό και τα στρείδια και σιγοβράστε μέχρι να καμπυλώσουν τα στρείδια, ένα ή 2 λεπτό. Σερβίρετε με άφθονο ζεστό γαλλικό ψωμί.

44. Κοκκινόψαρο Court Bouillon

ΚΑΝΕΙ 4-6 ΜΕΡΙΔΕΣ

ΣΥΣΤΑΤΙΚΑ

1 (3 έως 4 λίβρες) σφιχτό, λευκοσαρκωμένο ψάρι όπως κοκκινόψαρο ή λυθρίνι

3 κουταλιές της σούπας έξτρα παρθένο ελαιόλαδο

1 μέτριο κρεμμύδι, ψιλοκομμένο

3 φρέσκα κρεμμυδάκια, ψιλοκομμένα

1/2 πράσινη πιπεριά, ψιλοκομμένη

1 κοτσάνι σέλινου, ψιλοκομμένο

3 σκελίδες σκόρδο, ψιλοκομμένες

1 μεγάλη ντομάτα, ψιλοκομμένη

1 (15 ουγκιά) κουτάκι σάλτσα ντομάτας

Χυμό από 1 λεμόνι

1 κουταλιά της σούπας σάλτσα Worcestershire

1/4 φλιτζάνι κόκκινο κρασί

1/2 κουταλάκι του γλυκού αποξηραμένο θυμάρι ή 2 κουταλάκια του γλυκού φρέσκο ψιλοκομμένο

1/2 κουταλάκι του γλυκού αποξηραμένο βασιλικό ή 2 κουταλάκια του γλυκού φρέσκο ψιλοκομμένο

1/2 κουταλάκι του γλυκού πιπέρι καγιέν

1 κουταλάκι του γλυκού ζάχαρη

Αλάτι και φρεσκοτριμμένο μαύρο πιπέρι, για γεύση

2 κουταλιές της σούπας ψιλοκομμένο πλατύφυλλο μαϊντανό

Προθερμαίνουμε το φούρνο στους 350°. Αφαιρέστε τα λέπια που έχουν απομείνει στο ψάρι και ξεπλύνετε καλά. Στεγνώστε και τοποθετήστε τα σε ένα μεγάλο ταψί με πλευρές 2 ιντσών. Βάζουμε στο ψυγείο μέχρι να είναι έτοιμη η σάλτσα.

Ζεσταίνουμε το λάδι σε μια μέτρια, βαριά κατσαρόλα και σοτάρουμε τα κρεμμύδια, την πιπεριά, το σέλινο και το σκόρδο μέχρι να γίνουν διάφανα. Προσθέστε τις ντομάτες, τη σάλτσα ντομάτας, το χυμό λεμονιού, τη σάλτσα Worcestershire, το κρασί, το θυμάρι, τον βασιλικό, το πιπέρι καγιέν και τη ζάχαρη και αλατοπιπερώστε. Αφήνουμε να πάρει μια βράση, χαμηλώνουμε τη φωτιά και σιγοβράζουμε σκεπασμένο για 30 λεπτά.

Προσθέστε τον μαϊντανό, δοκιμάστε και προσαρμόστε τα καρυκεύματα.

Απλώστε λίγη από τη σάλτσα στον πάτο του ταψιού. Πασπαλίζουμε παντού το ψάρι με αλάτι και πιπέρι και το βάζουμε στο ταψί. Καλύπτουμε το ψάρι με τη σάλτσα, τοποθετώντας λίγο μέσα στην κοιλότητα του σώματος. Ψήστε, ακάλυπτα, για 30 λεπτά, ή μέχρι να γίνει το ψάρι στο κέντρο (χρησιμοποιώντας ένα μαχαίρι, η σάρκα στο πιο χοντρό μέρος του ψαριού θα απομακρυνθεί εύκολα από το κόκαλο). Σκεπάζουμε με αλουμινόχαρτο και κρατάμε ζεστό μέχρι να σερβίρουμε.

45. Κόκκινα φασόλια και ρύζι

ΚΑΝΕΙ 8-10 ΜΕΡΙΔΕΣ

ΣΥΣΤΑΤΙΚΑ

1 κιλό αποξηραμένα φασόλια

2 κουταλιές της σούπας φυτικό λάδι

1 μεγάλο κρεμμύδι, ψιλοκομμένο

1 ματσάκι φρέσκα κρεμμυδάκια, ψιλοκομμένα, χωρισμένα τα λευκά και πράσινα μέρη

1 πράσινη πιπεριά, ψιλοκομμένη

2 κοτσάνια σέλινου, ψιλοκομμένα

4 σκελίδες σκόρδο, ψιλοκομμένες

6 φλιτζάνια νερό

3 φύλλα δάφνης

1/2 κουταλάκι του γλυκού αποξηραμένο θυμάρι

1 κουταλάκι του γλυκού καρύκευμα κρεόλ

1 κόκκαλο ζαμπόν με λίγο ζαμπόν πάνω του, κατά προτίμηση, ή 2 τσάντες ζαμπόν ή 1/2 λίβρα κομμάτια ζαμπόν

Αλάτι και φρεσκοτριμμένο μαύρο πιπέρι, για γεύση

1 κιλό καπνιστό λουκάνικο, κομμένο σε γύρους πάχους 1/2 ίντσας

2 κουταλιές της σούπας ψιλοκομμένο πλατύφυλλο μαϊντανό, συν περισσότερο για το σερβίρισμα

Μαγειρεμένο μακρόσκοκο λευκό ρύζι, για το σερβίρισμα

Βάζετε τα φασόλια σε μια μεγάλη κατσαρόλα, τα σκεπάζετε με νερό, τα μουλιάζετε όλη τη νύχτα και τα στραγγίζετε.

Σε μια μεγάλη, βαριά κατσαρόλα ζεσταίνουμε το λάδι και σοτάρουμε τα κρεμμύδια, τα λευκά μέρη των φρέσκων κρεμμυδιών, την πιπεριά, το σέλινο και το σκόρδο.

Σε ένα μεγάλο τηγάνι ροδίζουμε το λουκάνικο. Αφήνω στην άκρη.

Στην κατσαρόλα προσθέτουμε τα φασόλια, το νερό, τα φύλλα δάφνης, το θυμάρι, τα καρυκεύματα κρεόλ και το ζαμπόν και αφήνουμε να βράσουν. Χαμηλώνουμε τη φωτιά, σκεπάζουμε και σιγοβράζουμε για 2 ώρες, ανακατεύοντας κατά διαστήματα, προσθέτοντας το λουκάνικο 30 λεπτά πριν ολοκληρωθεί το μαγείρεμα.

Αφαιρούμε τα φύλλα δάφνης, προσθέτουμε τον μαϊντανό και σερβίρουμε σε μπολ με το ρύζι. Πασπαλίστε τα μπολ με περισσότερο μαϊντανό, αν θέλετε.

46. Γαρίδες και Γαρίδες

ΚΑΝΕΙ 6 ΜΕΡΙΔΕΣ

ΣΥΣΤΑΤΙΚΑ

3 λίβρες μεγάλες γαρίδες (περίπου 15 έως 20 λίβρες), ξεφλουδισμένες και ξεφλουδισμένες

5 κουταλιές της σούπας βούτυρο, χωρισμένο

8 φρέσκα κρεμμυδάκια, ψιλοκομμένα

5 μεγάλες σκελίδες σκόρδο, ψιλοκομμένες

Ξύσμα και χυμό από 1 λεμόνι

1/3 φλιτζάνι λευκό ξηρό κρασί

1 κουταλιά της σούπας σάλτσα Worcestershire

1 κουταλάκι του γλυκού ιταλικό καρύκευμα

Φρεσκοτριμμένο μαύρο πιπέρι, για γεύση

1/2 κουταλάκι του γλυκού συν 1/4 κουταλάκι του γλυκού αλάτι, χωρισμένο

1 κουταλάκι του γλυκού καρύκευμα κρεόλ

2 κουταλιές της σούπας ψιλοκομμένο πλατύφυλλο μαϊντανό

1 φλιτζάνι γρηγορότερος χυλός

4 1/4 φλιτζάνια νερό

1/4 φλιτζανιού φρεσκοτριμμένη παρμεζάνα

Λιώστε 4 κουταλιές της σούπας βούτυρο σε ένα μεγάλο, βαρύ τηγάνι σε μέτρια φωτιά. Προσθέστε τα κρεμμύδια και το σκόρδο και σοτάρετε μέχρι να μαραθούν. Προσθέτουμε τις γαρίδες και τις σοτάρουμε ανακατεύοντας για λίγα λεπτά μέχρι να πάρουν ροζ χρώμα. Προσθέστε το ξύσμα και το χυμό λεμονιού, το κρασί, τη σάλτσα Worcestershire, τα ιταλικά καρυκεύματα, το πιπέρι, το καρύκευμα κρεόλ και 1/2 κουταλάκι του γλυκού αλάτι και σιγοβράστε για περίπου 3 λεπτά. Μην παραψήσετε τις γαρίδες. Αποσύρουμε από τη φωτιά και πασπαλίζουμε με μαϊντανό.

Για να μαγειρέψετε το χυλό, βάλτε το νερό να βράσει σε μια μεγάλη κατσαρόλα και προσθέστε το τρίμμα σε σταθερή ροή ενώ ανακατεύετε. Προσθέστε το υπόλοιπο αλάτι. Σκεπάζουμε, χαμηλώνουμε τη φωτιά και σιγοβράζουμε για περίπου 10 λεπτά. Αποσύρουμε από τη φωτιά και προσθέτουμε την παρμεζάνα και το υπόλοιπο βούτυρο. Σερβίρετε τις γαρίδες πάνω από το τρίμμα σε πιάτα ή σε μπολ.

47. Γαρίδες Rémoulade

ΚΑΝΕΙ 6-8 ΜΕΡΙΔΕΣ

ΣΥΣΤΑΤΙΚΑ

1/2 φλιτζάνι φρέσκα κρεμμυδάκια ψιλοκομμένα

1/2 φλιτζάνι σέλινο ψιλοκομμένο

1/4 φλιτζάνι ψιλοκομμένο πλατύφυλλο μαϊντανό

2 σκελίδες σκόρδο, ψιλοκομμένες

1/2 φλιτζάνι φρέσκο χρένο (βρίσκεται σε ψυκτικό τμήμα των παντοπωλείων)

1/2 φλιτζάνι κέτσαπ

3/4 φλιτζανιού μουστάρδα κρεόλ

2 κουταλιές της σούπας σάλτσα Worcestershire

3 κουταλιές της σούπας φρέσκο χυμό λεμονιού

1/8 κουταλάκι του γλυκού πιπέρι καγιέν

Αλάτι, φρεσκοτριμμένο μαύρο πιπέρι και πιπέρι καγιέν, για γεύση

3 κιλά μεγάλες αποφλοιωμένες και αποφλοιωμένες γαρίδες

Μαρούλι τριμμένο, περίπου 4 φλ

Σε ένα μπολ ανακατεύουμε όλα τα υλικά εκτός από τις γαρίδες και το μαρούλι και ανακατεύουμε καλά. Δοκιμάστε και προσαρμόστε τα καρυκεύματα.

Αρκετές ώρες πριν το σερβίρετε, τοποθετήστε τις γαρίδες σε ένα μεγάλο μπολ. Ανακατεύετε σταδιακά τη σάλτσα μέχρι να γίνει η συνοχή της αρεσκείας σας. Κάποιοι μπορεί να προτιμούν όλο το ντύσιμο και άλλοι λιγότερο. Σερβίρουμε πάνω από τριμμένο μαρούλι.

48. Ζελέ πιπεριάς

ΚΑΝΕΙ 8-10 ΜΙΚΡΑ ΒΑΖΑΚΙΑ

ΣΥΣΤΑΤΙΚΑ

6-8 μεγάλες πιπεριές jalapeño, ψιλοκομμένες, για να δώσουν 1/2 φλ

1/3 φλιτζάνι ψιλοκομμένες πράσινες πιπεριές

6 1/2 φλιτζάνια ζάχαρη

1 1/2 φλιτζάνι ξύδι από κόκκινο κρασί

1 (6-ουγγιές) μπουκάλι Certo ή 2 (3-ουγγιές) συσκευασίες

6 σταγόνες κόκκινο ή πράσινο χρώμα τροφίμων

Αφαιρέστε τα κοτσάνια και τους σπόρους από τις πιπεριές και ψιλοκόψτε πολύ ή επεξεργαστείτε σε έναν επεξεργαστή τροφίμων. Ανακατεύουμε όλα τα υλικά εκτός από το Certo σε μια μέτρια κατσαρόλα και ανακατεύουμε καλά. Αφήνουμε να πάρει μια βράση και βράζουμε για 2-3 λεπτά, ανακατεύοντας συχνά. Αποσύρουμε από τη φωτιά και ανακατεύουμε το Certo. Ρίξτε σε αποστειρωμένα βάζα ζελέ και σφραγίστε.

Σερβίρετε πάνω από τυρί κρέμα για άλειμμα σε κράκερ.

49. Γεμιστά Mirlitons

ΚΑΝΕΙ 6-8 ΜΕΡΙΔΕΣ (1-2 ΜΙΣΕΣ ΜΙΡΛΙΤΟΝ ΑΝΑ ΜΕΡΗ)

ΣΥΣΤΑΤΙΚΑ

6 μιρλίτον

7 κουταλιές της σούπας βούτυρο, χωρισμένο

1 μέτριο κρεμμύδι, ψιλοκομμένο

1 ματσάκι (6-8) φρέσκα κρεμμυδάκια, ψιλοκομμένα, χωρισμένα τα λευκά και πράσινα μέρη

2 κοτσάνια σέλινου, ψιλοκομμένα

4 σκελίδες σκόρδο, ψιλοκομμένες

1 κουταλάκι του γλυκού ιταλικό καρύκευμα

1 κουταλάκι του γλυκού σάλτσα ταμπάσκο

1 κουταλιά της σούπας φρέσκο χυμό λεμονιού

Αλάτι και φρεσκοτριμμένο μαύρο πιπέρι, για γεύση

2 κιλά μέτριες γαρίδες, αποφλοιωμένες και αποφλοιωμένες ή 1 κιλό αποφλοιωμένες κατεψυγμένες γαρίδες, αποψυγμένες

1 κιλό καβουροκρέας

1 1/4 φλιτζάνι ιταλική ψίχα ψωμιού, χωρισμένη

Σε μια μεγάλη κατσαρόλα, βράζετε τα μιρλίτον ολόκληρα μέχρι να μαλακώσουν όταν τα κολλήσετε με ένα πιρούνι, περίπου 1 ώρα. Στραγγίζουμε και κρυώνουμε.

Εν τω μεταξύ, λιώστε 4 κουταλιές της σούπας βούτυρο σε ένα μεγάλο τηγάνι. Προσθέστε το κρεμμύδι, τα λευκά μέρη των φρέσκων κρεμμυδιών και το σέλινο και σοτάρετε μέχρι να γίνει διάφανο. Προσθέστε το σκόρδο και σοτάρετε ένα λεπτό ακόμα. Προσθέτουμε τα καρυκεύματα και το χυμό λεμονιού και αποσύρουμε από τη φωτιά.

Κόβουμε τα μιρλιτόν στη μέση κατά μήκος και αφαιρούμε τους σπόρους. Αφαιρέστε τη σάρκα, αφήνοντας ένα κέλυφος πάχους περίπου 1/4 ίντσας. Προσθέστε τη σάρκα mirliton στο τηγάνι και σιγοβράστε για περίπου 5 λεπτά. Ρίξτε τις γαρίδες και το πράσινο κρεμμύδι και μαγειρέψτε, ανακατεύοντας, μέχρι οι γαρίδες να γίνουν ροζ. Ανακατεύουμε μέσα 1/2 φλιτζάνι ψίχουλα ιταλικού ψωμιού και καβούρι, ανακατεύοντας απαλά ώστε το κρέας καβούρι να μείνει σε κομμάτια.

Στρώνουμε ένα λαδωμένο ταψί με κοχύλια mirliton. Γεμίζουμε τα κοχύλια με το μείγμα θαλασσινών και πασπαλίζουμε το καθένα με 1 κουταλιά της σούπας από την υπόλοιπη ψίχα ψωμιού. Κόβουμε το υπόλοιπο βούτυρο σε μικρά κομμάτια και σημαδεύουμε τις κορυφές των mirlitons.

Ψήστε μέχρι να ροδίσει από πάνω, περίπου 30 λεπτά. Ή καφέ κάτω από το κρεατοπαραγωγής τα τελευταία λεπτά του μαγειρέματος. Σερβίρετε αμέσως.

50. Χελώνα Γκάμπο

ΚΑΝΕΙ 6 ΜΕΡΙΔΙΕΣ ΣΑΝ ΕΙΣΑΓΩΓΗ, 12 ΜΕΡΙΔΕΣ ΣΑΝ ΟΡΕΚΤΙΚΟ

ΣΥΣΤΑΤΙΚΑ

2 κιλά κρέας χελώνας χωρίς κόκαλα, κομμένο σε κομμάτια 1 ίντσας

Αλάτι και φρεσκοτριμμένο μαύρο πιπέρι, για γεύση

10 κουταλιές της σούπας βούτυρο, χωρισμένο

5 φλιτζάνια νερό

2 μέτρια κρεμμύδια

2 πράσινες πιπεριές

3 κοτσάνια σέλινου

6 μεγάλες σκελίδες σκόρδο

1/2 φλιτζάνι αλεύρι για όλες τις χρήσεις

1 1/2 φλιτζάνι σάλτσα ντομάτας

1 κουταλάκι του γλυκού καρύκευμα κρεόλ

1/2 κουταλάκι του γλυκού αποξηραμένο θυμάρι

1/2 κουταλάκι του γλυκού ιταλικό καρύκευμα

3 φύλλα δάφνης

1/2 κουταλάκι του γλυκού αλάτι

1/2 κουταλάκι του γλυκού φρεσκοτριμμένο μαύρο πιπέρι

2 κουταλιές της σούπας σάλτσα Worcestershire

1/2 κουταλάκι του γλυκού σάλτσα ταμπάσκο

Χυμό από 1 λεμόνι

1/2 φλιτζάνι σέρι καλής ποιότητας, συν επιπλέον για το σερβίρισμα

4 φλιτζάνια σπανάκι ψιλοκομμένο

3 κουταλιές της σούπας ψιλοκομμένο πλατύφυλλο μαϊντανό

4 βραστά αυγά, ψιλοκομμένα

Πασπαλίζουμε ελαφρά το κρέας με αλάτι και πιπέρι.

Ζεσταίνουμε 2 κουταλιές της σούπας βούτυρο σε μια μεγάλη, βαριά κατσαρόλα και, σε παρτίδες, ροδίζουμε το κρέας από όλες τις πλευρές, αφαιρώντας τη μία παρτίδα σε ένα πιάτο για να ροδίσει η επόμενη.

Επιστρέψτε όλο το κρέας στην κατσαρόλα, καλύψτε με το νερό και αφήστε το να πάρει μια βράση. Χαμηλώνουμε τη φωτιά, σκεπάζουμε και σιγοβράζουμε για περίπου 1 ώρα ή μέχρι να μαλακώσει το κρέας. Βγάζουμε το κρέας στο πιάτο και το σουρώνουμε και κρατάμε τον ζωμό.

Όταν το κρέας κρυώσει αρκετά για να το πιάσετε, το κόβετε με τα δάχτυλά σας και το κόβετε σε λεπτούς κύβους. Μπορεί να θέλετε να το κάνετε αυτό στον επεξεργαστή τροφίμων. Αφήνω στην άκρη.

Σε έναν επεξεργαστή τροφίμων, ψιλοκόβουμε το κρεμμύδι, την πιπεριά, το σέλινο και το σκόρδο. Αφήνω στην άκρη.

Ξεπλύνετε και στεγνώστε την ίδια κατσαρόλα που χρησιμοποιήσατε για να μαγειρέψετε το κρέας της χελώνας. Λιώστε το υπόλοιπο βούτυρο στην κατσαρόλα σε χαμηλή φωτιά. προσθέτουμε το αλεύρι και μαγειρεύουμε, ανακατεύοντας συνεχώς, να γίνει ένα ρουξ στο χρώμα της σοκολάτας γάλακτος, περίπου 10 λεπτά. Προσθέστε τα ψιλοκομμένα λαχανικά και μαγειρέψτε μέχρι να μαραθούν πολύ. Προσθέστε τη σάλτσα ντομάτας και μαγειρέψτε για περίπου 5 λεπτά. Προσθέστε το ζωμό, το καρύκευμα κρεόλ, το θυμάρι, το ιταλικό καρύκευμα, τα φύλλα δάφνης, αλάτι, πιπέρι, τη σάλτσα Worcestershire, τη σάλτσα Tabasco και το χυμό λεμονιού. Μαγειρέψτε, σκεπασμένο, σε μέτρια προς χαμηλή φωτιά για 30 λεπτά.

Προσθέστε το σέρι, το σπανάκι και τον μαϊντανό και μαγειρέψτε άλλα 10 λεπτά. Αφαιρέστε τα φύλλα δάφνης και ανακατέψτε τα αυγά.

Σερβίρουμε σε μπολ και περνάμε επιπλέον σέρι.

51. Ρύζι και φασόλια με τηγανητά αυγά

Μερίδες: 4

ΣΥΣΤΑΤΙΚΆ

3/4 φλιτζάνι μακρόσκοκο λευκό ρύζι

Αλάτι kosher

2 κουταλιές της σούπας λάδι κανόλα

1 μικρό κίτρινο κρεμμύδι, κομμένο σε μικρά κυβάκια

1/2 μέτρια κόκκινη πιπεριά, ξεσποριασμένη και κομμένη σε κύβους

2 μεγάλες σκελίδες σκόρδο, ψιλοκομμένες

1/2 κουταλάκι του γλυκού αλεσμένο κύμινο

1/4 φλιτζάνι κονσέρβα σάλτσα ντομάτας

Δοχείο 15 ουγγιών φασόλια pinto, στραγγισμένα και ξεπλυμένα

3 κουταλιές της σούπας Salsa Lizano

Φρεσκοτριμμένο μαύρο πιπέρι

8 μεγάλα αυγά

2 κουταλιές της σούπας φρέσκο κόλιανδρο ψιλοκομμένο

ΚΑΤΕΥΘΎΝΣΕΙΣ

Βάλτε το ρύζι, μια μεγάλη πρέζα αλάτι και 1-1/2 φλιτζάνια νερό σε μια κατσαρόλα 3 λίτρων. Αφήνουμε να πάρει βράση σε μέτρια προς δυνατή φωτιά, χαμηλώνουμε τη φωτιά, σκεπάζουμε και μαγειρεύουμε μέχρι το ρύζι να απορροφήσει το νερό και να μαλακώσει για περίπου 15 λεπτά. Αποσύρουμε από τη φωτιά και αφήνουμε στην άκρη με ανοιχτό το καπάκι.

Εν τω μεταξύ, ζεσταίνουμε 1 κουταλιά της σούπας λάδι σε μια κατσαρόλα 4 λίτρων σε μέτρια φωτιά. Προσθέστε το κρεμμύδι, την πιπεριά, το σκόρδο και μια πρέζα αλάτι. μαγειρέψτε, ανακατεύοντας κατά διαστήματα μέχρι να μαλακώσουν, περίπου 3 λεπτά. Προσθέστε το κύμινο και μαγειρέψτε μέχρι να μυρίσει, περίπου 30 δευτερόλεπτα. Προσθέτουμε τη σάλτσα ντομάτας και ανακατεύουμε για 1 λεπτό.

Προσθέστε τα φασόλια και 1 φλιτζάνι νερό και σιγοβράστε μέχρι τα υγρά να μειωθούν στο επίπεδο των φασολιών, περίπου 4 λεπτά.

Προσθέστε το ρύζι στα φασόλια και ανακατέψτε καλά. Ανακατεύουμε με τη Salsa Lizano και αλατοπιπερώνουμε κατά βούληση. Διατηρούμαι ζεστός.

Ζεσταίνουμε την υπόλοιπη 1 κουταλιά της σούπας λάδι σε ένα αντικολλητικό τηγάνι 12 ιντσών σε μέτρια φωτιά, στροβιλίζοντας το τηγάνι για να επικαλύψει ομοιόμορφα. Σπάστε απαλά τα αυγά στο τηγάνι. Αλατοπιπερώνετε, σκεπάζετε και μαγειρεύετε μέχρι να αρχίσουν να δένουν οι άκρες των κρόκων, για 2 με 3 λεπτά. Χωρίζουμε τα αυγά με την άκρη μιας σπάτουλας.

Για να σερβίρετε, βάζετε μια γεμάτη κουταλιά από το ρύζι και τα φασόλια σε ένα πιάτο και σύρετε από πάνω 2 αυγά. Πασπαλίζουμε με τον κόλιαντρο.

Σερβίρετε με σαλάτα Jícama, αβοκάντο, ραπανάκι & πορτοκάλι με κόλιανδρο ή μια απλή πράσινη σαλάτα.

52. Κατσαρόλα πρωινού Huevos Rancheros

Μερίδες: 8

Πχρόνος αποκατάστασης: 25 λεπτά

Χρόνος μαγειρέματος: 1 ώρα

ΣΥΣΤΑΤΙΚΆ

1 πακέτο μείγμα φασολιών και μακρόκοκκου ρυζιού

2 κουταλιές της σούπας ανάλατο βούτυρο

2 κουταλιές της σούπας φυτικό ή λάδι canola, ή όσο χρειάζεται

12 τορτίγιες καλαμποκιού

κουτάκι 15 ουγκιών σάλτσα enchilada

½ κουταλάκι του γλυκού αλεσμένο κύμινο

½ κουταλάκι του γλυκού σκόνη σκόρδου

½ κουταλάκι του γλυκού τσίλι σε σκόνη

2 φλιτζάνια τριμμένο τυρί τσένταρ ή μεξικάνικο μείγμα

8 μεγάλα αυγά

Αλάτι Kosher και φρεσκοτριμμένο πιπέρι για γεύση

Για να εξυπηρετήσει:

1 φλιτζάνι σάλσα

1 αβοκάντο, κομμένο σε λεπτές φέτες

$\frac{1}{2}$ φλιτζάνι κρέμα γάλακτος

4 κρεμμύδια κομμένα και κομμένα σε φέτες

$\frac{1}{2}$ φλιτζάνι φύλλα κόλιανδρου

ΚΑΤΕΥΘΎΝΣΕΙΣ

Προθερμάνετε το φούρνο στους 425°F. Λαδώνουμε ένα ταψί 13 x 9 ιντσών ή ψεκάζουμε με αντικολλητικό μαγειρικό σπρέι. Τοποθετήστε τα φασόλια και το μείγμα ρυζιού σε μια μεσαίου μεγέθους κατσαρόλα με 2 $\frac{1}{2}$ φλιτζάνια νερό και το βούτυρο.

Αφήνουμε να σιγοβράσει σε μέτρια προς δυνατή φωτιά, στη συνέχεια χαμηλώνουμε ελαφρώς τη φωτιά, σκεπάζουμε και αφήνουμε να σιγοβράσει για περίπου 20 με 25 λεπτά, μέχρι να μαλακώσει το ρύζι, φροντίζοντας να ανακατεύουμε περιστασιακά. Αποσύρουμε από τη φωτιά, και αφήνουμε να σταθεί για 5 λεπτά. Αφαιρέστε το καπάκι και αφρατέψτε με ένα πιρούνι και αφήστε το στην άκρη.

Όσο ψήνονται το ρύζι και τα φασόλια, ετοιμάζουμε τις τορτίγιες. Τοποθετήστε χαρτί κουζίνας σε μια επιφάνεια εργασίας. Ζεσταίνουμε 1 κουταλάκι του γλυκού λάδι σε ένα τηγάνι σε μέτρια προς δυνατή φωτιά και μαγειρεύουμε τις τορτίγιες μία κάθε φορά, για περίπου 1 με 2 λεπτά από κάθε πλευρά ή μέχρι να γίνουν τραγανές και να ροδίσουν σε κηλίδες.

Καθώς ψήνονται, τα μεταφέρουμε σε απορροφητικό χαρτί κουζίνας. Προσθέστε περισσότερο λάδι, 1 κουταλάκι του γλυκού τη φορά όσο χρειάζεται μέχρι να ψηθούν όλες οι τορτίγιες.

Συνδυάστε τη σάλτσα enchilada με το κύμινο, τη σκόνη σκόρδου και τη σκόνη τσίλι. Στρώνουμε τις μισές τορτίγιες στον πάτο του προετοιμασμένου ταψιού, επικαλύπτοντάς τες για να καλύψουν τον πάτο του ταψιού. Περιχύστε τη μισή σάλτσα enchilada και μετά πασπαλίστε πάνω από το μισό τυρί. Απλώστε το μείγμα φασολιών και ρυζιού πάνω από το τυρί. Επαναλάβετε στρώνοντας τις τορτίγιες, τη σάλτσα enchilada και το τυρί.

Χρησιμοποιήστε ένα κουτάλι και τα δάχτυλά σας για να δημιουργήσετε 8 μικρά πηγάδια ομοιόμορφα τοποθετημένα στο επάνω μέρος της κατσαρόλας, ανοίγοντας τρύπες από το επάνω στρώμα των τορτίγιών, έτσι ώστε τα αυγά να έχουν αρκετό χώρο για να βυθιστούν στις εσοχές τους. Χρησιμοποιήστε το κουτάλι και τα δάχτυλά σας για να δημιουργήσετε αυτά τα φρεάτια, κάνοντάς τα να έχουν βάθος περίπου 1 ίντσας. Σπάμε προσεκτικά τα αυγά στα πηγάδια και τα αλατοπιπερώνουμε.

Ψήνουμε μέχρι να δέσουν τα ασπράδια των αυγών, αλλά οι κρόκοι είναι ακόμα χαλαροί και ρευστοί για περίπου 25 λεπτά.

Σερβίρετε τα αυγά με σάλσα, αβοκάντο, κρέμα γάλακτος, κρεμμύδι και φύλλα κόλιανδρου. Μπορείτε να μοιράσετε τα πάντα πάνω από την ψημένη κατσαρόλα ή να αφαιρέσετε με ένα κουτάλι ξεχωριστές μερίδες και να αφήσετε τον καθένα να καλύψει το πιάτο του όπως θέλει.

53. Μπολ Burrito για πρωινό με μάνγκο και φασόλια

Χρόνος προετοιμασίας: 15 λεπτά

Χρόνος μαγειρέματος: 45 λεπτά

Μερίδες: 4

ΣΥΣΤΑΤΙΚΆ

1 παρτίδα πράσινο ρύζι με μακριά κόκκους, μαγειρεμένο

Δοχείο 15 ουγγιών φασόλια pinto, ξεπλυμένα και στραγγισμένα

2 ώριμα μάνγκο, κομμένα σε κύβους

1 αβοκάντο, κομμένο σε κύβους ή φέτες

1 κόκκινη πιπεριά κομμένη σε κύβους

1 φλιτζάνι καλαμπόκι, ψητό, ωμό ή σοταρισμένο

½ φλιτζάνι κόλιαντρο κομμένο σε κύβους

¼ φλιτζανιού κόκκινο κρεμμύδι σε κυβάκια

1 jalapeño, κομμένο σε φέτες

Επιδέσμους:

Μάνγκο κόλιαντρο Jalapeño

κόλιαντρο ασβέστη

Σάλτσα κάσιους Jalapeño

ΚΑΤΕΥΘΎΝΣΕΙΣ

Όταν τελειώσετε, μοιράστε το ρύζι σε τέσσερα μπολ και μετά μοιράστε ομοιόμορφα τα φασόλια, το μάνγκο, το αβοκάντο, την κόκκινη πιπεριά, το καλαμπόκι, τον κόλιανδρο, το κόκκινο κρεμμύδι και τις φέτες jalapeño μεταξύ των μπολ.

Σερβίρουμε με φέτες λάιμ.

54. Γεμιστές πιπεριές αργής κουζίνας

Συνολικός Χρόνος: 60 Λεπτά

Μερίδες: 4

ΣΥΣΤΑΤΙΚΆ

2 κουταλάκια του γλυκού λάδι αβοκάντο

1 γλυκό κρεμμύδι, κομμένο σε κύβους

2 σέλινο, κομμένο σε φέτες

4 σκελίδες σκόρδο, ψιλοκομμένες

1 κουταλιά της σούπας τσίλι σε σκόνη

2 κουταλάκια του γλυκού κύμινο

1 1/2 κουταλάκι του γλυκού αποξηραμένη ρίγανη

2 φλιτζάνια μακρόσκοκο λευκό ρύζι, μαγειρεμένο και κρύο

1 φλιτζάνι κατεψυγμένα κουκούτσια καλαμποκιού

1 ντομάτα σε κύβους

1 κονσέρβα φασόλια, ξεπλυμένα και στραγγισμένα

1 πιπεριά chipotle σε adobo

άλας

5 πιπεριές

1 κονσέρβα σάλτσα enchilada

τυρί πιπέρι τζακ, τριμμένο

ΚΑΤΕΥΘΎΝΣΕΙΣ

Ζεσταίνουμε το λάδι σε ένα μεγάλο τηγάνι σε μέτρια προς δυνατή φωτιά. Προσθέστε το κρεμμύδι και το σέλινο και μαγειρέψτε, ανακατεύοντας συχνά, για περίπου 5 λεπτά. Προσθέστε το σκόρδο και μαγειρέψτε για περίπου 30 δευτερόλεπτα και αποσύρετε από τη φωτιά.

Προσθέστε τα μπαχαρικά και ανακατέψτε καλά. Σε ένα μεγάλο μπολ προσθέστε το ρύζι, τα φασόλια, το καλαμπόκι, την ντομάτα, την πιπεριά Chipotle, 1/4 φλιτζάνι σάλτσα enchilada και το μείγμα κρεμμυδιών. Ανακατεύουμε καλά και αλατοπιπερώνουμε.

Κόψτε τις κορυφές από τις πιπεριές και αφαιρέστε τους σπόρους και τα παϊδάκια. Γεμίζουμε με το μείγμα ρυζιού, συσκευάζοντας ελαφρά. Γέμισα το δικό μου μέχρι τη μέση, πρόσθεσα μια μικρή ποσότητα τυριού και μετά τελείωσα τη γέμιση. Μην βάζετε τυρί ακόμα από πάνω. Τοποθετούμε τις γεμιστές πιπεριές στο slow cooker.

Προσθέστε περίπου 1/2 ίντσα νερό στο σκεύος προσέχοντας να μην μπει νερό στις πιπεριές. Μαγειρέψτε σε χαμηλή θερμοκρασία για περίπου 4 ώρες. Περίπου 15 λεπτά πριν γίνουν, προσθέστε μια στρώση τυρί σε κάθε πιπεριά και αφήστε να τελειώσει το μαγείρεμα.

Σερβίρετε τις πιπεριές με την υπόλοιπη σάλτσα enchilada και επιπλέον τυρί αν θέλετε. Απολαμβάνω!

55. Μικτή Bean και Rice Dip

Μερίδες: 10 έως 12

ΣΥΣΤΑΤΙΚΆ

Για τη βουτιά:

Δοχείο 15 ουγγιών φασόλια pinto, ξεπλυμένα και στραγγισμένα

Δοχείο 15 ουγγιών μαύρα φασόλια, ξεπλυμένα και στραγγισμένα

Κονσέρβα 15 ουγγιών φασόλια, ξεπλυμένα και στραγγισμένα

1 φλιτζάνι μαγειρεμένο λευκό ρύζι

1 φλιτζάνι ντομάτα κομμένη σε κύβους

1/2 φλιτζάνι κρεμμύδι σε κυβάκια

3 φλιτζάνια τριμμένο μείγμα Cheddar-Monterey Jack

2 κουταλιές της σούπας τουρσί jalapeño

1/2 κουταλάκι του γλυκού αλεσμένο κύμινο

1/2 κουταλάκι του γλυκού σκόνη σκόρδου

1/8 κουταλάκι του γλυκού πιπέρι καγιέν

Αλάτι Kosher και φρεσκοτριμμένο πιπέρι

Για το σερβίρισμα:

Τσιπς τορτίγιας

Κρέμα γάλακτος

Salsa

ΚΑΤΕΥΘΎΝΣΕΙΣ

Προθερμαίνουμε το φούρνο στους 400°.

Σε ένα μεγάλο μπολ, συνδυάστε τα φασόλια, το ρύζι, την ντομάτα, το κρεμμύδι, 2 φλιτζάνια τυρί, το jalapeño και τα μπαχαρικά. Αλατοπιπερώστε γενναιόδωρα με kosher αλάτι και πιπέρι.

Αδειάζετε σε ένα λαδωμένο τηγάνι 10 ιντσών από χυτοσίδηρο ή στρογγυλό ταψί. Σκεπάζουμε με αλουμινόχαρτο και ψήνουμε για 30 λεπτά.

Βγάζουμε από το φούρνο και βγάζουμε το αλουμινόχαρτο. Ρίξτε το υπόλοιπο 1 φλιτζάνι τυρί από πάνω και συνεχίστε το ψήσιμο μέχρι να λιώσει το τυρί, περίπου 5 - 10 λεπτά ακόμα.

Σερβίρετε ζεστό με τσιπς τορτίγιας, κρέμα γάλακτος και σάλσα.

56. Φασόλια Pinto και Μπαλάκια Ρύζι

Μερίδες: 30

ΣΥΣΤΑΤΙΚΆ

1 κονσέρβα φασόλια ξεπλυμένα και στραγγισμένα

1 φλιτζάνι μαγειρεμένο μακρόσκοκο λευκό ρύζι

1 αυγό

1/4 κουταλάκι του γλυκού αλάτι kosher περισσότερο για γεύση

1/4 κουταλάκι του γλυκού κύμινο

πρέζα καγιέν περισσότερο για γεύση

1-2 κουταλιές της σούπας ελαιόλαδο

Smoky Chipotle Dipping Sauce

ΚΑΤΕΥΘΎΝΣΕΙΣ

Τοποθετήστε τα ξεπλυμένα φασόλια σε ένα μεγάλο μπολ ανάμειξης. Πολτοποιούμε με έναν πουρέ πατάτας μέχρι να γίνουν μια πάστα. Προσθέστε το ρύζι, το κύμινο και το καγιέν. Ανακατεύουμε να ενωθούν και να γευτούν.

Προσθέστε το αυγό και δουλέψτε με τα χέρια σας ή με ένα μεγάλο κουτάλι να ενωθούν καλά.

Χρησιμοποιήστε μια μικρή σέσουλα ή ένα κουτάλι για να σχηματίσετε τις μπάλες και στη συνέχεια στρογγυλέψτε τις απαλά με τα δάχτυλά σας. Πλάθετε όλες τις μπάλες και τις τοποθετείτε σε ένα μεγάλο πιάτο ή ξύλο κοπής. Σε ένα μεγάλο τηγάνι σε μέτρια προς δυνατή φωτιά, ζεστάνετε περίπου μια κουταλιά της σούπας λάδι. Βράζουμε τις μπάλες στο τηγάνι, μέχρι να ροδίσουν ελαφρά από κάθε πλευρά. Αυτό πήρε μερικά λεπτά από κάθε πλευρά, γυρίζοντάς τα 2-3 φορές το καθένα.

Εάν δεν είστε εξοικειωμένοι με το μαγείρεμα σε παρτίδες, εδώ είναι μια συμβουλή.

Ξεκινήστε να τοποθετείτε τις μπαλίτσες ρυζιού σας στο ταψί, στην εξωτερική άκρη, δίπλα στη λαβή. Περάστε δεξιόστροφα γύρω από το τηγάνι και μετά γεμίστε τη μέση.

Αφού ροδίσουν οι μπάλες τις αφαιρούμε από το τηγάνι και τις τοποθετούμε σε καθαρή πιατέλα. Σκηνή χαλαρά με αλουμινόχαρτο για να διατηρείται ζεστή. Βράζουμε τις υπόλοιπες μισές μπάλες και μετά τις σερβίρουμε ζεστές. Απολαμβάνω!

57. Τηγανισμένα φασόλια, ρύζι και μπάλες λουκάνικου

ΣΥΣΤΑΤΙΚΆ:

1 φλιτζάνι μαγειρεμένο μακρόσκοκο ρύζι

1 φλιτζάνι φασόλια pinto, μαγειρεμένα μέχρι να γίνουν κρέμα

4 φρέσκα κρεμμυδάκια κομμένα σε λεπτές φέτες

4 κουταλιές της σούπας λουκάνικο ψιλοκομμένο

1 φλιτζάνι συν 2 κουταλιές της σούπας αποξηραμένη τριμμένη φρυγανιά

2 κουταλάκια του γλυκού καυτερή σάλτσα - της επιλογής σας

2 αυγά στο σύνολο

1 φλιτζάνι αλεύρι για όλες τις χρήσεις

1/2 φλιτζάνι γάλα

Λάδι για βαθύ τηγάνισμα

Creole Dipping Sauce:

1 μέρος Μαγιονέζα

1 μέρος μουστάρδα κρεόλ

ΚΑΤΕΥΘΎΝΣΕΙΣ:

Ανακατεύουμε ρύζι, φασόλια, κρεμμύδια, λουκάνικο και 2 κουταλιές της σούπας τριμμένη φρυγανιά. Πασπαλίστε με την καυτή σάλτσα και στη συνέχεια ανακατέψτε με ένα αυγό για να σχηματιστεί μια σφιχτή ζύμη.

Χτυπήστε ελαφρά το γάλα και το υπόλοιπο αυγό για να γίνει ένα πλύσιμο αυγών.

Σχηματίστε μικρές μπάλες από μείγμα φασολιών, ρυζιού και λουκάνικου. Τυλίγουμε με αλεύρι, στη συνέχεια αλείφουμε με αυγοπλυμένο και τυλίγουμε την υπόλοιπη φρυγανιά.

Ζεσταίνουμε το λάδι στους 360 βαθμούς F και τηγανίζουμε μέχρι να ροδίσουν. Στραγγίστε σε απορροφητικό χαρτί και σερβίρετε αμέσως με Creole Dipping Sauce, ή την αγαπημένη σας σάλτσα ντιπ.

Creole Dipping Sauce: Ανακατέψτε ένα μέρος μαγιονέζας με ένα μέρος Creole Mustard και σερβίρετε με τα φασόλια και τις μπάλες ρυζιού.

58. Μακρυκόκκο Ρύζι και φασόλι pinto

Πχρόνος αποκατάστασης:30 λεπτά

Χρόνος μαγειρέματος: 10 έως 30 λεπτά

Μερίδες: 4

ΣΥΣΤΑΤΙΚΆ

50 ml/2 fl oz. φυτικό λάδι

1 κρεμμύδι, ψιλοκομμένο

300 ml/10½ oz. μακρύκοκκο ρύζι

400 ml/14½ oz. νερό

400 ml/14½ oz. γάλα καρύδας

400g/14¼oz Κονσέρβα φασόλια, ξεπλυμένα και στραγγισμένα

3 κουταλιές της σούπας φρέσκο θυμάρι

αλάτι και φρεσκοτριμμένο μαύρο πιπέρι

φρέσκο κόλιανδρο, για γαρνίρισμα

ΚΑΤΕΥΘΎΝΣΕΙΣ

Ζεσταίνουμε το λάδι σε ένα τηγάνι και τσιγαρίζουμε το κρεμμύδι μέχρι να γίνει διάφανο.

Προσθέτουμε το ρύζι, ανακατεύουμε καλά και προσθέτουμε το νερό και το γάλα καρύδας. Αφήνουμε να πάρει βράση.

Προσθέτουμε τα φασόλια και το θυμάρι, σιγοβράζουμε και σκεπάζουμε για περίπου 20 λεπτά μέχρι να ψηθεί το ρύζι. Αλατοπιπερώνουμε και φρεσκοτριμμένο μαύρο πιπέρι.

Σερβίρουμε γαρνίροντας με τον κόλιανδρο.

59. Κοτόπουλο λάιμ με αυγοτηγανισμένο ρύζι με μακριά κόκκους

Πχρόνος αποκατάστασης:30 λεπτά

Χρόνος μαγειρέματος: 10 έως 30 λεπτά

Μερίδες: 2

ΣΥΣΤΑΤΙΚΆ

Για το κοτόπουλο

2 στήθη κοτόπουλου χωρίς πέτσα

2 κουταλιές της σούπας σησαμέλαιο

2 κουταλάκια του γλυκού φυτικό λάδι

2 κουταλιές της σούπας σάλτσα σόγιας

2 σκελίδες σκόρδο, ψιλοκομμένες

½ λεμόνι, τριμμένο ξύσμα και χυμό

αλάτι και φρεσκοτριμμένο μαύρο πιπέρι

1 κουταλιά της σούπας διαυγές μέλι

Για το Ρύζι

2 κουταλιές της σούπας αραχιδέλαιο

2-3 κουταλάκια του γλυκού σησαμέλαιο

2 αυγά ελευθέρας βοσκής, ελαφρώς χτυπημένα

πιτσίλισμα σάλτσας σόγιας

2 φρέσκα κρεμμυδάκια, ψιλοκομμένα

50g/2oz φασόλια pinto, μαγειρεμένα

150g/5oz ρύζι μακρόσκοκο, μαγειρεμένο

αλάτι και φρεσκοτριμμένο μαύρο πιπέρι

3-4 κουταλιές της σούπας κόλιανδρο ψιλοκομμένο

φέτες λάιμ, για σερβίρισμα

ΚΑΤΕΥΘΎΝΣΕΙΣ

Για πεταλούδα, τα στήθη κοτόπουλου τα ακουμπούν σε μια σανίδα και χρησιμοποιούν ένα κοφτερό μαχαίρι για να κάνουν μια κοπή παράλληλα με την σανίδα κοπής στα τρία τέταρτα της διαδρομής από κάθε στήθος.

Ανοίξτε κάθε στήθος κοτόπουλου για να έχετε δύο μεγάλα, πιο λεπτά στήθη κοτόπουλου.

Τοποθετήστε τα σε ένα μπολ με μια κουταλιά της σούπας σησαμέλαιο, το φυτικό λάδι, τη σάλτσα σόγιας, το σκόρδο, το ξύσμα λεμονιού και το χυμό.

Αλατοπιπερώνουμε και φρεσκοτριμμένο μαύρο πιπέρι και ανακατεύουμε να ενωθούν. Σε ξεχωριστό μπολ ανακατεύουμε το μέλι με το υπόλοιπο σησαμέλαιο.

Ζεσταίνουμε ένα τηγάνι σε μέτρια προς δυνατή φωτιά μέχρι να καπνίσει και, στη συνέχεια, βάλτε το κοτόπουλο στο ταψί και μαγειρέψτε για 2-3 λεπτά από κάθε πλευρά, αλείφοντας το μία ή δύο φορές με το μείγμα μελιού και σουσαμιού.

Όταν γίνει, το κοτόπουλο πρέπει να ψηθεί στη σχάρα εξωτερικά και να ψηθεί τελείως. Αφήστε να ξεκουραστεί για 2-3 λεπτά.

Εν τω μεταξύ, για το ρύζι, ζεσταίνουμε ένα γουόκ σε δυνατή φωτιά και προσθέτουμε το φιστίκι και ένα κουταλάκι του γλυκού σησαμέλαιο. Όταν το λάδι αρχίσει να γυαλίζει, προσθέστε τα αυγά και μαγειρέψτε, ανακατεύοντας όλη την ώρα, για 1-2 λεπτά ή μέχρι να ανακατευτούν.

Σπρώξτε τα αυγά στο πλάι του τηγανιού και προσθέστε λίγο ακόμα σησαμέλαιο, τη σάλτσα σόγιας, τα φρέσκα κρεμμυδάκια και τα φασόλια και μαγειρέψτε για ένα λεπτό στη συνέχεια προσθέστε το ρύζι και αλατοπιπερώστε φρεσκοτριμμένο μαύρο πιπέρι.

Μαγειρέψτε, ανακατεύοντας συνεχώς, για 3-4 λεπτά ή μέχρι να ζεσταθεί. Ανακατεύουμε μέσα από τον κόλιανδρο.

Για να σερβίρετε, ρίχνετε με κουτάλι το ρύζι σε πιάτα. Κόβουμε το κοτόπουλο στη διαγώνιο σε λεπτές λωρίδες και το τοποθετούμε πάνω από το ρύζι. Από πάνω ρίχνουμε μια φέτα λάιμ.

60. Μακρύκοκκο Ράις Χόπιν Τζον

Πχρόνος αποκατάστασης:30 λεπτά

Χρόνος μαγειρέματος: 30 λεπτά έως 1 ώρα

Μερίδες: 4

ΣΥΣΤΑΤΙΚΆ

2 κουταλιές της σούπας φυτικό λάδι

300g/10½oz μαγειρεμένο και τριμμένο μπέικον

1 πράσινη πιπεριά, ψιλοκομμένη

1 κόκκινη πιπεριά, ψιλοκομμένη

1 κόκκινο κρεμμύδι, ψιλοκομμένο

3 μπαστουνάκια σέλινο, ψιλοκομμένα

4 σκελίδες σκόρδο, λιωμένες

1 κουταλάκι του γλυκού αποξηραμένες νιφάδες τσίλι

2 φύλλα δάφνης

1 λίτρο/1¾ πίντα ζωμός κοτόπουλου ή λαχανικών

Κονσέρβα 400g/14oz, στραγγισμένα και ξεπλυμένα

225g/8oz ρύζι μακρόσπερμου

2 κουταλιές της σούπας κρεόλ ή καρύκευμα για όλες τις χρήσεις

αλάτι και φρεσκοτριμμένο μαύρο πιπέρι

Για να εξυπηρετήσει

μια χούφτα φύλλα μαϊντανού πλατύφυλλα, ψιλοκομμένα

ματσάκι φρέσκα κρεμμυδάκια, ψιλοκομμένα

ΚΑΤΕΥΘΎΝΣΕΙΣ

Ζεσταίνουμε το λάδι σε ένα μεγάλο τηγάνι σε μέτρια φωτιά.

Προσθέστε το μπέικον στο τηγάνι και τηγανίστε μέχρι να γίνει τραγανό. Αφαιρούμε με τρυπητή κουτάλα και στραγγίζουμε σε χαρτί κουζίνας.

Προσθέστε το κρεμμύδι, τις πιπεριές, το σέλινο, το σκόρδο, τις νιφάδες τσίλι, τα φύλλα δάφνης, τα καρυκεύματα κρεόλ, αλάτι και πιπέρι στο τηγάνι και σοτάρετε σε χαμηλή προς μέτρια φωτιά μέχρι να μαλακώσουν.

Ρίχνουμε το ζωμό και αφήνουμε να πάρει μια βράση.

Προσθέστε το ρύζι, τα φασόλια και το μπέικον και ανακατέψτε καλά. Σκεπάζουμε και σιγοβράζουμε για 20 λεπτά ή μέχρι να μαλακώσει το ρύζι και να απορροφηθεί το μεγαλύτερο μέρος των υγρών.

Μοιράζουμε σε μπολ σερβιρίσματος, πασπαλίζουμε με τον μαϊντανό και τα φρέσκα κρεμμυδάκια και σερβίρουμε.

61. Φασόλια και ρύζι με μεξικάνικη έμπνευση

Χρόνος προετοιμασίας: 25 λεπτά

Χρόνος μαγειρέματος: 20 λεπτά

Μερίδες: 8

ΣΥΣΤΑΤΙΚΆ

1 κουταλιά της σούπας μπουγιόν κοτόπουλου

3 κουταλιές της σούπας πελτέ ντομάτας

1 κουταλάκι του γλυκού αλεσμένους σπόρους κόλιανδρου

1 κουταλάκι αλάτι

½ κουταλάκι του γλυκού σκόνη σκόρδου

¼ κουταλάκι του γλυκού πιπέρι

3 ½ φλιτζάνια νερό

2 φλιτζάνια μακρόκοκκο λευκό ρύζι, ξεπλυμένο με διχτυωτό σουρωτήρι

1 κόκκινη πιπεριά, με μίσχους, σπόρους και κομμένη σε κύβους

¼ φλιτζάνι ψιλοκομμένο κόκκινο κρεμμύδι

1 jalapeño, με μίσχο, με σπόρους και κομμένο σε κύβους

2 κουταλιές της σούπας κόλιαντρο ψιλοκομμένο

Δοχείο 15 ουγγιών φασόλια pinto, στραγγισμένα και ξεπλυμένα

ΚΑΤΕΥΘΎΝΣΕΙΣ

Σε μια κατσαρόλα, προσθέστε τη βάση κοτόπουλου, τον πελτέ ντομάτας, τον κόλιανδρο, αλάτι, σκόνη σκόρδου και πιπέρι. χτυπάμε να ενωθούν.

Ανακατεύουμε σταδιακά στο νερό, προσθέτουμε το ρύζι και ανακατεύουμε να ενωθούν. Τοποθετήστε μια κατσαρόλα σε μέτρια προς δυνατή φωτιά και αφήστε να πάρει μια βράση, ανακατεύοντας κατά διαστήματα.

Μειώστε τη φωτιά σε μέτρια προς χαμηλή, σκεπάστε. Συνεχίστε το μαγείρεμα μέχρι να απορροφηθούν τα υγρά, ανακατεύοντας κατά διαστήματα, περίπου 12-15 λεπτά. Αποσύρουμε από τη φωτιά και αφήνουμε να σταθεί σκεπασμένο για λίγα λεπτά.

Τοποθετήστε το ρύζι σε ένα μεγάλο μπολ και προσθέστε πιπεριά, κρεμμύδι, jalapeño και κόλιαντρο. ανακατεύουμε να ενωθούν.

Ρίξτε απαλά τα φασόλια και σερβίρετε.

62. Φασόλια Pinto και ρύζι με κόλιανδρο

Χρόνος προετοιμασίας: 5 λεπτά

Χρόνος μαγειρέματος: 25 λεπτά

Μερίδες 6

ΣΥΣΤΑΤΙΚΆ

Για το ρύζι:

1 φλιτζάνι μακρόσκοκο λευκό ρύζι

1 κουταλιά της σούπας ελαιόλαδο

8 ουγγιές. κουτάκι σάλτσα ντομάτας

1 κόκκινη πιπεριά χωρίς πυρήνα, ξεσποριασμένη και κομμένη στα τέσσερα

1 1/2 φλιτζάνι ζωμός κοτόπουλου ή ζωμός λαχανικών

3/4 κουταλάκι του γλυκού αλάτι kosher

1 κουταλάκι του γλυκού σκόνη σκόρδου

1/4 κουταλάκι του γλυκού τσίλι σε σκόνη

1/4 κουταλάκι του γλυκού κύμινο

1/2 φλιτζάνι ντομάτες σε κύβους

2 κουταλιές της σούπας κόλιαντρο ψιλοκομμένο για γαρνίρισμα

Για τα φασόλια:

Κονσέρβα 15 ουγγιών φασόλια pinto στραγγισμένα και ξεπλυμένα

1/2 φλιτζάνι ζωμός κοτόπουλου ή ζωμός λαχανικών

1 κουταλιά της σούπας πελτέ ντομάτας

3/4 κουταλάκι του γλυκού αλάτι

3/4 κουταλάκι του γλυκού τσίλι σε σκόνη

1/2 φλιτζάνι pico de gallo για γαρνίρισμα

ΚΑΤΕΥΘΎΝΣΕΙΣ

Για το ρύζι:

Ζεσταίνουμε το ελαιόλαδο σε μια κατσαρόλα 2 λίτρων σε μέτρια φωτιά. Προσθέτουμε το ρύζι και ανακατεύουμε μέχρι να αλειφθεί το ρύζι με λάδι. Μαγειρέψτε για περίπου 5 λεπτά ή μέχρι το ρύζι να φρυγανιστεί και να ροδίσει ελαφρά.

Προσθέστε όλα τα υπόλοιπα υλικά.

Επιστρέψτε την κατσαρόλα στον καυστήρα και αφήστε το περιεχόμενο να πάρει μια βράση.

Σκεπάζουμε την κατσαρόλα και χαμηλώνουμε τη φωτιά. μαγειρέψτε για 17 λεπτά.

Κατεβάζετε την κατσαρόλα από τη φωτιά και την αφήνετε να σταθεί σκεπασμένη για 5 λεπτά. Αφαιρέστε και πετάξτε τις πιπεριές. Ανακατέψτε καλά. Γαρνίρουμε με ντομάτες και φρέσκα κρεμμυδάκια αν θέλουμε.

Για τα φασόλια:

Βάζετε όλα τα υλικά σε ένα τηγάνι σε μέτρια προς δυνατή φωτιά και αφήνετε να σιγοβράσουν. Μαγειρέψτε για 7-10 λεπτά μέχρι να δέσει η σάλτσα. Δοκιμάστε και προσθέστε περισσότερο αλάτι ή σκόνη τσίλι αν χρειάζεται. Μπορείτε επίσης να προσθέσετε λίγο περισσότερο ζωμό κοτόπουλου εάν η σάλτσα γίνει πολύ πηχτή για τις προτιμήσεις σας. Γαρνίρετε με pico de gallo αν θέλετε.

63. Ισπανικά φασόλια και ρύζι Pinto

Χρόνος προετοιμασίας 10 λεπτά

Χρόνος μαγειρέματος 25 λεπτά

Μερίδες 2

ΣΥΣΤΑΤΙΚΆ

ΓΙΑ ΤΟ ΡΥΖΙ

2 φλιτζάνια ζωμό λαχανικών 475 ml

1 φλιτζάνι ρύζι μακρόσκοκο 190 γρ

1/4 κουταλάκι του γλυκού κλωστές σαφράν .17 γραμμ

πρέζα θαλασσινό αλάτι

παύλα μαύρο πιπέρι

ΓΙΑ ΤΑ ΦΑΣΟΛΙΑ

2 κουταλιές της σούπας εξαιρετικό παρθένο ελαιόλαδο 30 ml

1 μικρό κρεμμύδι

4 σκελίδες σκόρδο

1 καρότο

1 πράσινη πιπεριά

1 κουταλάκι του γλυκού καπνιστή ισπανική πάπρικα 2,30 γρ

1/2 κουταλάκι του γλυκού κύμινο τριμμένο 1,25 γρ

2 1/2 φλιτζάνια φασόλια κονσέρβας 400 γρ

1 φλιτζάνι ζωμό λαχανικών 240 ml

πρέζα θαλασσινό αλάτι

παύλα μαύρο πιπέρι

μια χούφτα φρέσκο μαϊντανό ψιλοκομμένο

ΚΑΤΕΥΘΎΝΣΕΙΣ

Προσθέστε 2 φλιτζάνια ζωμό λαχανικών σε μια κατσαρόλα, τσιμπήστε 1/4 κουταλάκι του γλυκού κλωστές σαφράν και αλατοπιπερώστε με θαλασσινό αλάτι & φρεσκοτριμμένο μαύρο πιπέρι, ζεστάνετε σε δυνατή φωτιά

Εν τω μεταξύ, προσθέστε 1 φλιτζάνι μακρόκοκκο ρύζι σε ένα σουρωτήρι και ξεπλύνετε με κρύο τρεχούμενο νερό, μέχρι το νερό να τρέξει καθαρό κάτω από το κόσκινο.

Μόλις πάρει βράση ο ζωμός, προσθέστε το ρύζι στο τηγάνι, ανακατέψτε το και βάλτε ένα καπάκι στο τηγάνι, χαμηλώστε σε χαμηλή σε μέτρια φωτιά και σιγοβράστε μέχρι να ψηθεί το ρύζι.

Εν τω μεταξύ, ζεσταίνουμε ένα μεγάλο τηγάνι σε μέτρια φωτιά και προσθέτουμε 2 κουταλιές της σούπας έξτρα παρθένο ελαιόλαδο, μετά από 2 λεπτά προσθέτουμε 1 μικρό κρεμμύδι ψιλοκομμένο, 1 πράσινη πιπεριά ψιλοκομμένη, 1 καρότο και 4 σκελίδες σκόρδο χοντροκομμένα, ανακατεύουμε τα λαχανικά συνέχεια με το ελαιόλαδο

Μετά από 4 λεπτά και τα λαχανικά σοταριστούν ελαφρά, προσθέστε 1 κουταλάκι του γλυκού καπνιστή ισπανική πάπρικα και 1/2 κουταλάκι του γλυκού αλεσμένο κύμινο, ανακατέψτε γρήγορα, προσθέστε 2 1/2 φλιτζάνια κονσέρβα φασόλια pinto και καρυκεύστε με θαλασσινό αλάτι & μαύρο πιπέρι, απαλά ανακατεύουμε μέχρι να ανακατευτούν καλά, μετά προσθέτουμε 1 φλιτζάνι ζωμό λαχανικών και σιγοβράζουμε σε μέτρια φωτιά

Μόλις ψηθεί το ρύζι, αφαιρέστε το ρύζι από τη φωτιά, αφήστε το για 3 με 4 λεπτά με το καπάκι, αφαιρέστε το καπάκι και αφρατέψτε το ρύζι με ένα πιρούνι και μεταφέρετε το ρύζι στα πιάτα σερβιρίσματος.

Πιάστε τα φασόλια που σιγοβράζουν και προσθέστε τα στο ταψί δίπλα στο ρύζι, πασπαλίστε με φρεσκοκομμένο μαϊντανό και απολαύστε!

64. Ρύζι και φασόλια μιας κατσαρόλας

Μερίδες: 4 μερίδες

Συνολικός Χρόνος: 30 λεπτά

ΣΥΣΤΑΤΙΚΆ

2 κουταλιές της σούπας ελαιόλαδο

1 κίτρινο κρεμμύδι, ψιλοκομμένο

1 $\frac{3}{4}$ φλιτζάνι ζωμός κοτόπουλου ή λαχανικών ή νερό

1 κουταλάκι του γλυκού αλάτι

1 φλιτζάνι ρύζι με μακριά κόκκους

Δοχείο 15,5 ουγγιών φασόλια pinto

Φέτες λάιμ ή φύλλα κόλιανδρου, για γαρνίρισμα

ΚΑΤΕΥΘΎΝΣΕΙΣ

Σε μια μεγάλη κατσαρόλα ή ολλανδικό φούρνο με σφιχτό καπάκι, ζεστάνετε το ελαιόλαδο σε μέτρια φωτιά. Προσθέστε το κρεμμύδι και σοτάρετε μέχρι να γίνει διάφανο, περίπου 3 λεπτά. Προσθέτουμε το ζωμό, σκεπάζουμε και αφήνουμε να πάρει μια βράση.

Προσθέστε το αλάτι, το ρύζι και τα φασόλια. Ανακατεύουμε να ενωθούν και μετά σκεπάζουμε.

Χαμηλώνουμε τη φωτιά όσο πάει και αφήνουμε να σιγοβράσει, ανενόχλητα, για 18 με 20 λεπτά. Αποσύρουμε από τη φωτιά και αφήνουμε για 4 λεπτά και στη συνέχεια αφρατέψουμε με ένα πιρούνι.

Αλατοπιπερώνετε κατά βούληση και μετά γαρνίρετε με λάιμ ή κόλιανδρο όπως θέλετε.

65. Φασόλια και ρύζι Southern Pinto

Χρόνος προετοιμασίας: 5 λεπτά

Χρόνος μαγειρέματος: 4 ώρες

Μερίδες: 6 φλιτζάνια

ΣΥΣΤΑΤΙΚΆ

1 κιλό ξερά φασόλια pinto

8 φλιτζάνια νερό ή ζωμό

2 κουταλιές της σούπας αλάτι, για ολονύκτια μούλιασμα.
επιτραπέζιο αλάτι

2 κουταλιές της σούπας κρεμμύδι σε σκόνη ή 1 φλιτζάνι φρέσκο κρεμμύδι σε κύβους

2 κουταλιές της σούπας σκόρδο σε σκόνη

2 φλιτζάνια ρύζι με μακριά κόκκους, μαγειρεμένο

1 καπνιστό ζαμπόν

Αλάτι και πιπέρι για να γευτείς

ΚΑΤΕΥΘΎΝΣΕΙΣ

Βάλτε τα φασόλια σε ένα μεγάλο ολλανδικό φούρνο με κρεμμύδι και σκόρδο σε σκόνη.

Μαγειρέψτε σε χαμηλή φωτιά, ακάλυπτα, για 3-4 ώρες ή μέχρι να μαλακώσουν. ελέγχετε συχνά τη στάθμη του υγρού. προσθέστε περισσότερα εάν χρειάζεται. όταν είναι τρυφερό, δοκιμάστε τα καρυκεύματα και προσαρμόστε ανάλογα

1 λίβρα αποξηραμένα φασόλια pinto, 8 φλιτζάνια νερό ή ζωμό, 2 κουταλιές της σούπας κρεμμύδι σε σκόνη, 2 κουταλιές της σούπας σκόρδο σε σκόνη, 1 καπνιστό χοιρινό ζαμπόν

66. Φασόλια Pinto και Ρύζι και Λουκάνικο

Χρόνος προετοιμασίας: 20 λεπτά

Χρόνος μαγειρέματος: 105 λεπτά

Μερίδες: 6 μερίδες

ΣΥΣΤΑΤΙΚΆ

1 κιλό αποξηραμένα φασόλια pinto

6 φλιτζάνια νερό

1 ζαμπόν χοιρομέρι, ή ένα κρεατικό κόκκαλο ζαμπόν

1 μέτριο κρεμμύδι, ψιλοκομμένο

3 σκελίδες σκόρδο, ψιλοκομμένες

1 1/2 κουταλάκι του γλυκού αλάτι

1 κιλό καπνιστό λουκάνικο andouille, ή παρόμοιο καπνιστό λουκάνικο, κομμένο σε φέτες

Κονσέρβα 14,5 ουγγιών ντομάτες, κομμένες σε κύβους

κουτάκι 4 ουγγιών ήπιες πράσινες πιπεριές τσίλι

1/2 κουταλάκι του γλυκού νιφάδες κόκκινης πιπεριάς, θρυμματισμένες

4 φλιτζάνια μαγειρεμένο άσπρο ρύζι, μακρύκοκκο ή γρηγορότερο, ζεστό βρασμένο

ΚΑΤΕΥΘΎΝΣΕΙΣ

Το προηγούμενο βράδυ βάλτε τα φασόλια pinto σε ένα μεγάλο μπολ ή κατσαρόλα και καλύψτε με νερό σε βάθος περίπου 3 ίντσες πάνω από τα φασόλια. Αφήστε τα να σταθούν για 8 ώρες ή όλη τη νύχτα. Στραγγίζουμε καλά.

Συνδυάστε τα μουλιασμένα και στραγγισμένα φασόλια με νερό, ζαμπόν, κρεμμύδι και σκόρδο σε μια μεγάλη κατσαρόλα ή ολλανδικό φούρνο σε δυνατή φωτιά. αφήνουμε να πάρει μια βράση. Καλύψτε και μειώστε τη φωτιά σε μέτρια. μαγειρέψτε τα φασόλια για 45 λεπτά ή μέχρι να μαλακώσουν τα φασόλια.

Προσθέστε το αλάτι, το λουκάνικο κομμένο σε φέτες, τις ντομάτες, τις ήπιες πιπεριές τσίλι και τις θρυμματισμένες νιφάδες κόκκινης πιπεριάς, αν θέλετε. Σκεπάζουμε, χαμηλώνουμε τη φωτιά και σιγοβράζουμε για 1 ώρα, ανακατεύοντας κατά διαστήματα.

Αφαιρέστε το ζαμπόν και αφαιρέστε το κρέας από το κόκαλο. Ψιλοκόψτε το ζαμπόν με ένα πιρούνι ή ψιλοκόψτε. Επιστρέψτε το ζαμπόν στο μείγμα των φασολιών.

Σερβίρετε τα φασόλια πάνω από ζεστό μαγειρεμένο ρύζι.

67. Gallopinto (Ρύζι και φασόλια Νικαράγουας)

Χρόνος προετοιμασίας: 45 λεπτά

Συνολικός Χρόνος: 24 ώρες

Μερίδες: 8 μερίδες

ΣΥΣΤΑΤΙΚΆ

Για τα φασόλια

1 (16 ουγκιές) σακούλα αποξηραμένα φασόλια Pinto

Αλας

7 σκελίδες σκόρδο, καθαρισμένες

Για το ρύζι

1/4 φλιτζάνι φυτικό λάδι, χωρισμένο

1 μέτριο κίτρινο κρεμμύδι, ψιλοκομμένο

1 1/2 φλιτζάνι μακρόσκοκο λευκό ρύζι

3 φλιτζάνια νερό ή ζωμό κότας με χαμηλή περιεκτικότητα σε νάτριο

1/2 πράσινη πιπεριά, καθαρισμένη και ξεσποριασμένη

ΚΑΤΕΥΘΎΝΣΕΙΣ

Για τα φασόλια:

Απλώστε τα φασόλια σε ένα φύλλο ψησίματος με στεφάνι. Διαλέξτε τυχόν υπολείμματα και σπασμένα φασόλια. Μεταφέρετε τα φασόλια σε ένα σουρωτήρι και ξεπλύνετε με κρύο τρεχούμενο νερό. Τοποθετήστε τα ξεπλυμένα φασόλια σε μια μεγάλη κατσαρόλα και καλύψτε τα με κρύο νερό. αφήστε να μουλιάσει για 30 λεπτά.

Αφήνουμε να βράσει σε δυνατή φωτιά. Μειώστε τη φωτιά σε μέτρια και σιγοβράστε τα φασόλια για 30 λεπτά. Σβήνουμε τη φωτιά, σκεπάζουμε τα φασόλια και αφήνουμε να ξεκουραστούν για 1 ώρα. Ξαναβάζουμε τα φασόλια να βράσουν σε δυνατή φωτιά. Προσθέστε 2 κουταλάκια του γλυκού αλάτι και σκόρδο, μειώστε τη φωτιά σε μέτρια και σιγοβράστε μέχρι να μαλακώσουν τα φασόλια για 30 έως 60 λεπτά.

Για το ρύζι:

Ζεσταίνουμε 2 κουταλιές της σούπας λάδι σε μια μεγάλη κατσαρόλα με βαρύ πάτο σε μέτρια φωτιά μέχρι να γυαλίσει. Προσθέστε τα 2/3 του κρεμμυδιού και μαγειρέψτε, ανακατεύοντας, μέχρι να μαλακώσει και να γίνει διάφανο, περίπου 5 λεπτά.

Προσθέστε το ρύζι και μαγειρέψτε, ανακατεύοντας, μέχρι οι κόκκοι να γυαλίσουν και να επικαλυφθούν ομοιόμορφα με λάδι, για 2 με 3 λεπτά. Προσθέστε νερό ή ζωμό και 1 1/2 κουταλάκι του γλυκού αλάτι, δυναμώστε τη φωτιά και αφήστε να πάρει μια βράση. Βάλτε πιπεριά πάνω από το ρύζι.

Βράζετε το ρύζι χωρίς να το ανακατεύετε μέχρι να εξατμιστούν τα περισσότερα υγρά και να δείτε μικρές φυσαλίδες να σκάνε στην επιφάνεια του ρυζιού. Χαμηλώνουμε αμέσως τη φωτιά στη χαμηλότερη ρύθμιση, σκεπάζουμε και μαγειρεύουμε για 15 λεπτά.

Αφαιρέστε και πετάξτε την πιπεριά. Αφράτε το ρύζι με ξυλάκια ή πιρούνι, μετά αφήστε το να κρυώσει και βάλτε το στο ψυγείο για 1 μέρα.

Για το gallopinto:

Ζεσταίνουμε τις υπόλοιπες 2 κουταλιές της σούπας λάδι σε μια μεγάλη κατσαρόλα σε μέτρια προς δυνατή φωτιά μέχρι να γυαλίσει. Προσθέστε το υπόλοιπο κρεμμύδι και μαγειρέψτε, ανακατεύοντας, μέχρι να μαλακώσει και να γίνει διάφανο, περίπου 5 λεπτά.

Προσθέστε το ρύζι και 2 φλιτζάνια φασόλια στο τηγάνι και μαγειρέψτε, ανακατεύοντας, μέχρι το ρύζι να επικαλυφθεί ομοιόμορφα. Συνεχίστε το μαγείρεμα, ανακατεύοντας, για να ενωθούν οι γεύσεις και το μείγμα να γίνει ελαφρώς τραγανό, περίπου 10 λεπτά. Σκεπάζουμε και μαγειρεύουμε σε χαμηλή φωτιά για άλλα 10 λεπτά.

68. Σάλτσα φασολιών & ντομάτες πάνω από ρύζι

Μερίδες: 6 μερίδες

ΣΥΣΤΑΤΙΚΆ

1 φλιτζάνι φασόλια, μουλιασμένα

2 τσίλι Serrano, με σπόρους & ψιλοκομμένα

½ κουταλιά της σούπας Τζίντζερ, τριμμένο

1 κάθε φύλλο δάφνης

¼ κουταλάκι του γλυκού Κουρκουμάς

4 φλιτζάνια Νερό

1⅓ φλιτζάνι απόθεμα

¼ φλιτζάνι κόλιανδρο

Αλάτι πιπέρι

2 κουταλιές της σούπας πεκάν, ψιλοκομμένο & φρυγανισμένο

2 κουταλιές της σούπας ελαιόλαδο

4 ντομάτες σε κύβους

1 κουταλάκι του γλυκού τσίλι σε σκόνη

1 κουταλιά της σούπας φρέσκια μαντζουράνα

1 κουταλάκι του γλυκού σιρόπι σφενδάμου

5 φλιτζάνια Νερό

1 ½ φλιτζάνι Ρύζι μακρόκοκκο

2 Καρότα, ψιλοκομμένα

1 κάθε ξυλάκι κανέλας 3"

½ κουταλιά της σούπας ελαιόλαδο

ΚΑΤΕΥΘΎΝΣΕΙΣ

Μαγειρέψτε τα φασόλια για 1½ έως 2 ώρες, μέχρι να μαλακώσουν τα φασόλια. Πετάξτε το φύλλο δάφνης &

ΣΑΛΤΣΑ:

Συνδυάστε στραγγισμένα φασόλια, τσίλι, τζίντζερ, δάφνη, κουρκουμά & νερό σε μια μεγάλη κατσαρόλα.

Αφήνουμε να πάρει βράση, χαμηλώνουμε τη φωτιά, σκεπάζουμε και μαγειρεύουμε.

Βάλτε τα φασόλια, το ζωμό και τον κόλιανδρο σε έναν επεξεργαστή τροφίμων και πολτοποιήστε σε μια χοντρή σάλτσα. Αλατοπιπερώνουμε, προσθέτουμε τα πεκάν και ξαναζεσταίνουμε ελαφρά.

ΝΤΟΜΑΤΕΣ:

Συνδυάστε τις ντομάτες, τη σκόνη τσίλι, τη μαντζουράνα & το σιρόπι σε ένα τηγάνι. Αλατοπιπερώνουμε και τηγανίζουμε σε μέτρια φωτιά μέχρι να αρχίσει να καραμελώνει η ντομάτα, περίπου 10 λεπτά. Διατηρείται ζεστό σε χαμηλή φωτιά.

ΡΥΖΙ:

Βράζουμε νερό και προσθέτουμε ρύζι, καρότα και κανέλα. Μαγειρέψτε μέχρι να μαλακώσει το ρύζι, 10 έως 12 λεπτά εάν χρησιμοποιείτε λευκό ρύζι. Στραγγίστε και πετάξτε την κανέλα και ξεπλύνετε για λίγο με τρεχούμενο νερό.

Επιστρέψτε στο τηγάνι και ρίξτε λάδι.

Για να το σερβίρετε, ρίχνετε με κουτάλι ρύζι σε ζεστά πιάτα, προσθέτετε σάλτσα φασολιών και πασπαλίζετε με ντομάτες.

69. Φασόλια Cajun pinto

Μερίδες: 8

ΣΥΣΤΑΤΙΚΆ

1 κάθε Μικρό σακουλάκι με φασόλια, πλυμένα και κομμένα

$\frac{1}{4}$ φλιτζάνι Αλεύρι

$\frac{1}{4}$ φλιτζάνι γράσο μπέικον

1 μεγάλο κρεμμύδι, ψιλοκομμένο

6 σκελίδες σκόρδο, ψιλοκομμένες

$\frac{1}{2}$ φλιτζάνι σέλινο, ψιλοκομμένο

1 κάθε φύλλο δάφνης

$\frac{1}{4}$ φλιτζάνι τσίλι σε σκόνη

2 κουταλιές της σούπας αλεσμένο κύμινο

1 κουτάκι ντομάτες με τσίλι

Αλάτι για γεύση

2 λίβρες ζαμπόν χοιρινό κρέας ή αλάτι

Ψιλοκομμένο κόλιανδρο

2 φλιτζάνια ρύζι μακρόκοκκο, μαγειρεμένο

ΚΑΤΕΥΘΎΝΣΕΙΣ

Μαζέψτε τα φασόλια και πλύνετε. Μουλιάστε 1 μικρό σακουλάκι φασόλια pinto όλη τη νύχτα σε κρύο νερό και 1 κουταλιά της σούπας μαγειρική σόδα. Ξεπλύνετε τα φασόλια και μαγειρέψτε για 1 ώρα. Αλλάξτε το νερό και προσθέστε ξανά 1 κουταλιά της σούπας μαγειρική σόδα. Μαγειρέψτε για άλλη μια ή δύο ώρες και αλλάξτε το νερό για τελευταία φορά, προσθέστε μαγειρική σόδα και μαγειρέψτε μέχρι να γίνει.

Τηγανίζουμε $\frac{1}{4}$ φλιτζάνι αλεύρι και $\frac{1}{4}$ φλιτζάνι λαδόκολλα μπέικον στο σκούρο ρου.

Προσθέστε και ανακατέψτε τα εξής μέχρι να μαραθούν: 1 μεγάλο κρεμμύδι ψιλοκομμένο, 5 ή 6 σκελίδες σκόρδο ψιλοκομμένο, $\frac{1}{2}$ φλιτζάνι ψιλοκομμένο σέλινο, 1 φύλλο δάφνης και κόλιανδρο.

Προσθέστε σκόνη τσίλι, κύμινο και ντομάτες με τσίλι και αλάτι για γεύση.

Μπορεί να μαγειρευτεί με χοιρινό ζαμπόν ή αλάτι.

Η χρήση αυτού του roux προσθέτει μια πραγματικά υπέροχη γεύση στα φασόλια pinto.

Σερβίρουμε με ρύζι μακριού κόκκου.

70. Ρύζι & φασόλια με τυρί

Μερίδες: 5

ΣΥΣΤΑΤΙΚΆ

1⅓ φλιτζάνι Νερό

1 φλιτζάνι καρότα τριμμένα

1 κουταλάκι του γλυκού μπουγιόν κοτόπουλου

¼ κουταλάκι του γλυκού Αλάτι

15 ουγγιές Can Beans Pinto, στραγγισμένα

8 ουγγιές Απλό γιαούρτι χωρίς λιπαρά

½ φλιτζάνι τριμμένο τυρί Cheddar με χαμηλά λιπαρά

⅔ φλιτζάνι Ρύζι με μακριά κόκκους

½ φλιτζάνι Πράσινα κρεμμυδάκια σε φέτες

½ κουταλάκι του γλυκού Αλεσμένος κόλιανδρος

1 κουταλάκι του γλυκού σάλτσα καυτερής πιπεριάς

1 φλιτζάνι τυρί κότατζ χαμηλών λιπαρών

1 κουταλιά της σούπας ψιλοκομμένο φρέσκο μαϊντανό

ΚΑΤΕΥΘΎΝΣΕΙΣ

Σε μια μεγάλη κατσαρόλα ανακατεύουμε νερό, ρύζι, καρότα, φρέσκα κρεμμυδάκια, κόκκους μπουγιόν, κόλιανδρο, αλάτι και εμφιαλωμένη σάλτσα καυτερής πιπεριάς.

Φέρτε σε βρασμό. μειώστε τη θερμότητα. Σκεπάζουμε και σιγοβράζουμε για 15 λεπτά ή μέχρι να μαλακώσει το ρύζι και να απορροφηθεί το νερό.

Ανακατέψτε τα φασόλια pinto ή navy, το τυρί cottage, το γιαούρτι και τον μαϊντανό.

Ρίξτε με κουτάλι ένα ταψί 10x6x2".

Ψήνουμε, σκεπασμένο, σε φούρνο στους 350 βαθμούς Φ. για 20-25 λεπτά ή μέχρι να ζεσταθεί. Πασπαλίζουμε με τυρί τσένταρ. Ψήνετε, ξεσκέπαστο, για 3-5 λεπτά ακόμη ή μέχρι να λιώσει το τυρί.

71. Φασόλια Pinto και ρύζι σαφράν

Μερίδες: 4

ΣΥΣΤΑΤΙΚΆ

Φασόλια

3 φλιτζάνια αποξηραμένα φασόλια pinto

1/2 ραβδί βούτυρο

1/3 φλιτζανιού λαρδί

1/2 φλιτζάνι σοφρίτο

1 μεγάλο κρεμμύδι κομμένο σε κύβους

3 λίτρα νερό

Ρύζι

1-1/2 φλιτζάνι ρύζι με μακριά κόκκους

3 φλιτζάνια ζωμό κότας

1/2 κουταλάκι του γλυκού κλωστές σαφράν

1-1/2 κουταλάκι του γλυκού αλάτι kosher

1/2 φλιτζάνι νερό

1 κουταλιά της σούπας βούτυρο

Ξίδι Σάλτσα καυτερής πιπεριάς

ΚΑΤΕΥΘΎΝΣΕΙΣ

Πλύνετε τα φασόλια και αφαιρέστε όλα τα ξένα αντικείμενα όπως κουκούτσια και κακά φασόλια.

Ψιλοκόβουμε τα κρεμμύδια.

Προσθέστε το κρεμμύδι, τα φασόλια, το σοφρίτο, το νερό και το βούτυρο.

Αφήνουμε να ζεσταθεί για 4 λεπτά και προσθέτουμε το λαρδί.

Σκεπάζουμε και βράζουμε για 15 λεπτά ανακατεύουμε, σκεπάζουμε ξανά και μειώνουμε τη φωτιά στο μισό. Μαγειρέψτε μέχρι να μαλακώσουν τα φασόλια και μετά προσθέστε αλάτι.

Λιώνουμε το βούτυρο και προσθέτουμε το ρύζι. Ανακατεύουμε καλά και προσθέτουμε το σαφράν, το ζωμό και το νερό.

Βράζετε το ρύζι ανακατεύοντας κατά διαστήματα και μετά όταν απορροφηθούν τα υγρά το σκεπάζετε και το αποσύρετε από τη φωτιά μην το ενοχλείτε για 20 λεπτά.

Σερβίρουμε με τα φασόλια πάνω από το ρύζι. Προσθέστε το ξύδι και τη σάλτσα καυτερής πιπεριάς.

72. Taco Καρύκευμα ρυζιού με φασόλια pinto

Μερίδες: 6 Μερίδες

ΣΥΣΤΑΤΙΚΆ

2 φλιτζάνια Νερό

8 ουγγιές σάλτσα ντομάτας

1 πακέτο μείγμα καρυκευμάτων taco

1 φλιτζάνι Καλαμπόκι

½ φλιτζάνι πράσινη πιπεριά -- ψιλοκομμένη

½ κουταλάκι του γλυκού Ρίγανη

⅛ κουταλάκι του γλυκού σκόνη σκόρδου

1 φλιτζάνι ρύζι με μακριά κόκκους

16 ουγγιές φασόλια Pinto, σε κονσέρβα

ΚΑΤΕΥΘΎΝΣΕΙΣ

Σε μια μέτρια κατσαρόλα, ανακατεύουμε όλα τα υλικά, εκτός από το ρύζι και τα φασόλια.

Φέρτε το μείγμα σε βράση σε μέτρια φωτιά. Ρίξτε ρύζι και τα φασόλια.

Όταν το μείγμα βράσει ξανά, ανακατέψτε, στη συνέχεια χαμηλώστε τη φωτιά σε μέτρια προς χαμηλή, σκεπάστε και σιγοβράστε μέχρι να ψηθεί το μεγαλύτερο μέρος του υγρού, 45 λεπτά έως 1 ώρα.

Αποσύρουμε από τη φωτιά και αφήνουμε στην άκρη σκεπασμένο για 5 λεπτά.

Ανακατέψτε καλά.

73. Ινδικό ρύζι κολοκύθας και φασόλια

Μερίδες: 8

ΣΥΣΤΑΤΙΚΆ

1 κουταλιά της σούπας λάδι Canola

1 μέτριο κίτρινο κρεμμύδι? ψιλοκομμένο

2 σκελίδες σκόρδο? κιμάς

2 φλιτζάνια κύβοι κολοκύθας

2 κουταλάκια του γλυκού κάρυ σε σκόνη

½ κουταλάκι του γλυκού μαύρο πιπέρι

½ κουταλάκι του γλυκού Αλάτι

¼ κουταλάκι του γλυκού Αλεσμένα γαρίφαλα

1 ½ φλιτζάνι μακρόσκοκο λευκό ρύζι

1 φλιτζάνι λάχανο ή σπανάκι χοντροκομμένο

15 ουγγιές μαγειρεμένα φασόλια pinto? στραγγίζεται και ξεπλένεται

ΚΑΤΕΥΘΎΝΣΕΙΣ

Σε μια μεγάλη κατσαρόλα ζεσταίνουμε το λάδι σε μέτρια φωτιά.

Προσθέστε το κρεμμύδι και το σκόρδο και μαγειρέψτε, ανακατεύοντας, για 5 λεπτά μέχρι το κρεμμύδι να γίνει διάφανο. Προσθέστε την κολοκύθα, το κάρυ, το πιπέρι, το αλάτι και το γαρύφαλλο και μαγειρέψτε για 1 λεπτό ακόμα.

Προσθέτουμε 3 φλιτζάνια νερό και το ρύζι, σκεπάζουμε και αφήνουμε να σιγοβράσει. Μαγειρέψτε σε μέτρια προς χαμηλή φωτιά για περίπου 15 λεπτά.

Προσθέστε το λάχανο και τα φασόλια και μαγειρέψτε για περίπου 5 λεπτά ακόμα.

Αφρατεύουμε το ρύζι και σβήνουμε τη φωτιά. Αφήστε το να σταθεί για 10 με 15 λεπτά πριν το σερβίρετε.

74. Μεξικάνικα φασόλια καουμπόη

Μερίδες: 6

ΣΥΣΤΑΤΙΚΆ

½ λίβρα φασόλια Pinto, αποξηραμένα
1 Κρεμμύδι, λευκό, μεγάλο
3 σκελίδες σκόρδο, λιωμένες
2 κλωναράκια κόλιανδρο
¼ φλιτζάνι ζωμός λαχανικών ή νερό
6 ουγκιές. Vegan chorizo
2 τσίλι Serrano, κιμά
1 ντομάτα μεγάλη σε κύβους

ΚΑΤΕΥΘΎΝΣΕΙΣ

Μουλιάζουμε τα φασόλια σε νερό όλη τη νύχτα.
Την επόμενη μέρα τα σουρώνουμε και τα τοποθετούμε σε μια μεγάλη κατσαρόλα. Ρίξτε αρκετό νερό στην κατσαρόλα για να γεμίσει τα ¾ της διαδρομής.
Κόψτε το κρεμμύδι σας στη μέση. Βάζουμε ½ το κρεμμύδι, τα κλωναράκια κόλιανδρου και 3 σκελίδες σκόρδο στην κατσαρόλα με τα φασόλια. Κρατήστε το άλλο μισό κρεμμύδι.
Βράστε το νερό και αφήστε τα φασόλια να μαλακώσουν μέχρι να μαλακώσουν, περίπου 1 ½ ώρα.
Όσο ψήνονται τα φασόλια ζεσταίνουμε ένα μεγάλο τηγάνι σε μέτρια προς δυνατή φωτιά. Προσθέστε chorizo και σοτάρετε μέχρι να ροδίσουν ελαφρά για περίπου 4 λεπτά. Όσο ψήνεται το chorizo, κόβουμε σε κύβους το άλλο μισό κρεμμύδι.
Βγάζουμε το chorizo από το τηγάνι και το αφήνουμε στην άκρη. Προσθέστε ¼ φλιτζάνι νερό, το κρεμμύδι ψιλοκομμένο και τις πιπεριές Serrano στο τηγάνι. Ιδρώστε το κρεμμύδι και τα τσίλι μέχρι να μαλακώσουν και να γίνουν διάφανα για περίπου 4-5 λεπτά.

Προσθέστε την ντομάτα και αφήστε να μαγειρευτεί για 7-8 λεπτά ακόμη ή μέχρι να διαλυθεί η ντομάτα και να βγάλει όλους τους χυμούς της.
Προσθέστε αυτό το μείγμα και το chorizo στην κατσαρόλα με τα φασόλια και αφήστε τα να σιγοβράσουν για άλλα 20 λεπτά ή μέχρι να μαλακώσουν τελείως τα φασόλια. Αλατοπιπερώνετε με αλάτι και πιπέρι.
Πριν σερβίρετε, αφαιρέστε το μισό κρεμμύδι, το κλωναράκι κόλιανδρου και τις σκελίδες σκόρδου από τα φασόλια.
Αλατοπιπερώνουμε

75. Γιορτή της Καραϊβικής

ΣΥΣΤΑΤΙΚΆ

ΤΖΑΚΦΡΟΥΤ JERK

3 κουτάκια Young Jack Fruit σε άλμη, στραγγισμένα και κομμένα σε κύβους

1 κουταλιά της σούπας λάδι καρύδας

3 φρέσκα κρεμμυδάκια, κομμένα σε φέτες

3 Σκελίδες Σκόρδο, ψιλοκομμένες

1/2 τσίλι σκωτσέζικο καπό

Κομμάτι τζίντζερ σε μέγεθος αντίχειρα, ψιλοκομμένο

1 κίτρινη πιπεριά ξεσποριασμένη & κομμένη σε κύβους

1 φλιτζάνι/200 g κονσέρβα φασόλια pinto

1 κουταλιά της σούπας All Spice

2 κουταλάκια του γλυκού αλεσμένη κανέλα

3 κουταλιές της σούπας σάλτσα σόγιας

5 κουταλιές της σούπας πελτέ ντομάτας

4 κουταλιές της σούπας ζάχαρη καρύδας

1 φλιτζάνι/240 ml χυμός ανανά

Χυμός 1 λάιμ

1 κουταλιά της σούπας φρέσκα φύλλα Θυμαριού

2 κουταλάκια του γλυκού Θαλασσινό Αλάτι

1 κουταλάκι του γλυκού Σπασμένο μαύρο πιπέρι

ΡΥΖΙ & ΜΠΙΖΕΛΑ

1 κονσέρβα φασόλια, με κράτηση σε υγρό

1 κονσέρβα γάλα καρύδας

3 κουταλιές της σούπας φρέσκο Θυμάρι

Πρέζα θαλασσινό αλάτι & μαύρο πιπέρι

1 & 1/2 φλιτζάνι/340 γρ Ρύζι με μακριά κόκκους, ξεπλυμένο

Ζωμός λαχανικών, αν χρειαστεί.

ΤΗΓΑΝΙΣΜΕΝΟ ΠΛΑΝΤΑΝΙ

2 Plantain, ξεφλουδισμένα και κομμένα σε δίσκους cm

2 κουταλιές της σούπας Vita Coca Oil Coconut

2 κουταλιές της σούπας ζάχαρη καρύδας

Ρίξε Αλάτι & Πιπέρι

ΣΑΛΑΤΑ ΜΑΝΓΚΟ

1/2 φρέσκο μάνγκο, ξεφλουδισμένο και κομμένο σε κύβους

1 κουταλάκι του γλυκού φρέσκο τσίλι, ψιλοκομμένο

Μια χούφτα φρέσκο κόλιανδρο

Χυμός από μισό λάιμ

Φρέσκια ανάμεικτη σαλάτα

ΚΑΤΕΥΘΎΝΣΕΙΣ

Αρχικά τοποθετήστε ένα μεγάλο τηγάνι ή ένα τηγάνι σε μέτρια φωτιά. Προσθέστε το λάδι καρύδας και μετά το κρεμμύδι, το σκόρδο, το τζίντζερ, το τσίλι & την κίτρινη πιπεριά. Αφήστε το μείγμα να μαλακώσει για 3 λεπτά πριν προσθέσετε τα μπαχαρικά και μαγειρέψετε για άλλα 2 λεπτά. Προσθέστε μια πρέζα καρύκευμα.

Προσθέστε το jackfruit στο τηγάνι και ανακατέψτε καλά, μαγειρέψτε το μείγμα για 3-4 λεπτά.

Στη συνέχεια, προσθέστε τη ζάχαρη καρύδας & τα φασόλια. Συνεχίστε να ανακατεύετε και στη συνέχεια προσθέστε τη σάλτσα σόγιας, τον πουρέ ντομάτας και τον χυμό ανανά. Χαμηλώνουμε τη φωτιά και προσθέτουμε το χυμό λάιμ και μερικά ψιλοκομμένα φύλλα φρέσκου θυμαριού.

Ανοίξτε το καπάκι και αφήστε το jackfruit να ψηθεί για περίπου 12-15 λεπτά.

Για το ρύζι, προσθέστε τα υλικά σε μια κατσαρόλα και σκεπάστε το καπάκι. Τοποθετήστε το τηγάνι σε χαμηλή φωτιά και αφήστε το ρύζι να απορροφήσει όλα τα υγρά μέχρι να γίνει ελαφρύ και αφράτο. αυτό πρέπει να διαρκέσει 10-12 λεπτά. Εάν το ρύζι σας στεγνώσει πολύ πριν μαγειρευτεί, προσθέστε λίγο νερό ή ζωμό λαχανικών. επόμενο είναι το plantain. Προθερμαίνουμε ένα αντικολλητικό τηγάνι σε μέτρια φωτιά και προσθέτουμε το λάδι καρύδας, όταν ζεσταθεί προσθέτουμε τις φέτες πλαντανιού και ψήνουμε και από τις δύο πλευρές για 3-4 λεπτά μέχρι να καραμελώσουν και να ροδίσουν. καρυκεύουμε με ζάχαρη καρύδας, αλάτι & πιπέρι.

Για τη σαλάτα, απλά ανακατέψτε όλα τα υλικά σε ένα μικρό μπολ. σερβίρετε τα πάντα μαζί, απολαύστε.

76. Τζαμάικα Τζακφρουτ και φασόλια με ρύζι

Χρόνος προετοιμασίας: 10 λεπτά

Χρόνος μαγειρέματος: 25 λεπτά

Μερίδες: 2

ΣΥΣΤΑΤΙΚΆ

1 κρεμμύδι

2 σκελίδες σκόρδο

1 τσίλι

2 ντομάτες αμπέλου

2 κουταλάκια του γλυκού καρυκεύματα Τζαμάικας

400 γρ κονσέρβα φασόλια

400 γραμμάρια κουτάκι jackfruit

200 ml γάλα καρύδας

150 γρ λευκό μακρόσκοκο ρύζι

50 γρ σπανάκι με φύλλα μωρού

Θαλασσινό αλάτι

Φρεσκοτριμμένο πιπέρι

1 κουταλιά της σούπας ελαιόλαδο

300 ml βραστό νερό

ΚΑΤΕΥΘΎΝΣΕΙΣ

Καθαρίζουμε και ψιλοκόβουμε το κρεμμύδι. Καθαρίζουμε και τρίβουμε τις σκελίδες σκόρδου. Κόψτε το τσίλι στη μέση, βγάζοντας τους σπόρους και τη μεμβράνη για λιγότερη φωτιά και ψιλοκόψτε. Ψιλοκόβουμε τις ντομάτες.

Ρίχνουμε 1 κουταλιά της σούπας λάδι σε ένα μεγάλο τηγάνι και το αφήνουμε σε μέτρια φωτιά. Ρίξτε μέσα τα κρεμμύδια και μια καλή πρέζα αλάτι και πιπέρι. Τηγανίζουμε για 4-5 λεπτά, ανακατεύοντας κατά διαστήματα, μέχρι να μαλακώσουν και να πάρουν ελαφρά χρώμα. Ανακατέψτε το σκόρδο, το τσίλι και 2 κουταλάκια του γλυκού καρυκεύματα Τζαμάικας και συνεχίστε να τηγανίζετε για άλλα 2 λεπτά

Ρίξτε τις ψιλοκομμένες ντομάτες στο τηγάνι. Στραγγίζουμε τα φασόλια και τα τζακφρουτ και τα προσθέτουμε στο τηγάνι. Ρίξτε μέσα το γάλα καρύδας. Ανακατεύουμε καλά και αφήνουμε να πάρει μια βράση, στη συνέχεια σκεπάζουμε εν μέρει με ένα καπάκι και σιγομαγειρεύουμε απαλά για 20 λεπτά Κατά τη διάρκεια του μαγειρέματος, χρησιμοποιήστε μια ξύλινη κουτάλα κάθε τόσο για να σπάσετε λίγο τα κομμάτια του καρπού.

Ρίξτε το ρύζι σε ένα σουρωτήρι και ξεπλύνετε καλά με κρύο νερό. Ρίξτε σε ένα μικρό τηγάνι και προσθέστε 300 ml βραστό νερό και μια πρέζα αλάτι. Σκεπάζουμε ένα καπάκι και αφήνουμε να πάρει μια βράση, στη συνέχεια γυρίζουμε προς τα κάτω και σιγοβράζουμε πολύ απαλά για 8 λεπτά, μέχρι να απορροφηθεί όλο το νερό.

Κατεβάζετε το ρύζι από τη φωτιά και το αφήνετε να αχνιστεί στο τηγάνι σκεπασμένο για 10 λεπτά

Ανακατέψτε το σπανάκι στο jackfruit και τα φασόλια μέχρι να μαραθούν. Πάρτε μια γεύση από τη σάλτσα και προσθέστε περισσότερο αλάτι αν χρειάζεται.

Ρίχνετε με κουτάλι το ρύζι σε μερικά βαθιά μπολ και ρίχνετε από πάνω γενναιόδωρες κουτάλες από το jackfruit curry και σερβίρετε.

77. Ρύζι πιλάφι με φασόλια, φρούτα και ξηρούς καρπούς

Χρόνος προετοιμασίας: 10 λεπτά

Χρόνος μαγειρέματος: 45 λεπτά

ΣΥΣΤΑΤΙΚΆ

1 1/2 φλιτζάνι ρύζι με μακριά κόκκους

1 κουταλιά της σούπας ουδέτερο φυτικό λάδι

1 μέτριο κρεμμύδι, ψιλοκομμένο

1 με 2 μικρές φρέσκες καυτερές πιπεριές τσίλι, κομμένες σε φέτες

2/3 φλιτζανιού σταφίδες ή αποξηραμένα κράνμπερι, ή συνδυασμός

1/3 φλιτζάνι μαγειρεμένα φασόλια pinto

1/3 φλιτζάνι αποξηραμένα βερίκοκα ψιλοκομμένα

1/4 κουταλάκι του γλυκού κουρκουμά

1/2 κουταλάκι του γλυκού κανέλα

1/4 κουταλάκι του γλυκού αλεσμένο ή φρέσκο μοσχοκάρυδο

1/2 κουταλάκι του γλυκού αποξηραμένος βασιλικός

1/4 φλιτζάνι χυμό πορτοκαλιού

2 κουταλάκια του γλυκού νέκταρ αγαύης

1 έως 2 κουταλιές της σούπας χυμό λεμονιού ή λάιμ, για γεύση

1/2 φλιτζάνι φρυγανισμένα κάσιους

Αλάτι και φρεσκοτριμμένο πιπέρι για γεύση

ΚΑΤΕΥΘΎΝΣΕΙΣ

Συνδυάστε το ρύζι με 4 φλιτζάνια νερό σε μια κατσαρόλα. Αφήνουμε να πάρει μια ήπια βράση, στη συνέχεια χαμηλώνουμε τη φωτιά, σκεπάζουμε και σιγοβράζουμε απαλά για 30 λεπτά ή μέχρι να απορροφηθεί το νερό.

Μόλις γίνει το ρύζι, ζεσταίνουμε το λάδι σε ένα μεγάλο τηγάνι. Προσθέστε το κρεμμύδι και τις πιπεριές τσίλι και σοτάρετε σε μέτρια φωτιά μέχρι να ροδίσουν.

Προσθέστε το ρύζι και όλα τα υπόλοιπα υλικά εκτός από τους ξηρούς καρπούς, το αλάτι και το πιπέρι. μαγειρέψτε σε χαμηλή φωτιά, ανακατεύοντας συχνά, για περίπου 8 με 10 λεπτά, αφήνοντας τις γεύσεις να αναμειχθούν.

Προσθέτουμε τους ξηρούς καρπούς, αλατοπιπερώνουμε και σερβίρουμε.

78. Φασόλια και ρύζι cha cha cha μπολ

Μερίδες: 6

ΣΥΣΤΑΤΙΚΆ

2 κουταλιές της σούπας ελαιόλαδο

2 σκελίδες σκόρδο, ψιλοκομμένες

1 φλιτζάνι κρεμμύδι σε φέτες

1 φλιτζάνι σέλινο ξεφλουδισμένο, κομμένο σε φέτες

1 φλιτζάνι καρότα κομμένα σε φέτες

1 κουταλάκι του γλυκού τσίλι σε σκόνη

$\frac{1}{4}$ φλιτζάνι Κονσερβοποιημένα πράσινα τσίλι σε κύβους

1 κιλό φασόλια pinto

2 φλιτζάνια μαγειρεμένα μαύρα φασόλια

$\frac{1}{4}$ κρεμμύδι, χοντροκομμένο

1 Λίπος 263 Θερμίδες

2 φλιτζάνια μανιτάρια κομμένα σε φέτες

$\frac{1}{2}$ φλιτζάνι Κρατήστε ζωμό φασολιών

2 κουταλιές της σούπας κόλιαντρο ψιλοκομμένο

Αλάτι και πιπέρι για να γευτείς

3 φλιτζάνια μαγειρεμένο ρύζι με μακριά κόκκους

1 κουταλιά της σούπας χυμό λεμονιού

2 κουταλάκια του γλυκού αλάτι ή κατά βούληση

ΣΥΣΤΑΤΙΚΆ

Σε μια μεγάλη βαθιά κατσαρόλα ζεσταίνουμε το ελαιόλαδο και σοτάρουμε το σκόρδο, το κρεμμύδι, το σέλινο, τα καρότα και τη σκόνη τσίλι, μέχρι το κρεμμύδι να γίνει διάφανο.

Προσθέστε τσίλι και μανιτάρια και σοτάρετε για 5 λεπτά ακόμα.

Προσθέστε τα φασόλια, το ζωμό φασολιών και τον κόλιαντρο. Αλατοπιπερώνουμε κατά βούληση.

Σκεπάζουμε και σιγοβράζουμε σε χαμηλή φωτιά για περίπου 10 λεπτά, ανακατεύοντας κατά διαστήματα.

Σερβίρουμε πάνω από ρύζι.

79. Turnip Stir Fry με φασόλια

Χρόνος προετοιμασίας: 10 λεπτά

Χρόνος μαγειρέματος: 20 λεπτά

Μερίδες: 2 άτομα

ΣΥΣΤΑΤΙΚΆ

1 κουταλιά της σούπας ελαιόλαδο

2 μωβ κορυφαία γογγύλια - καθαρισμένα, κομμένα και κομμένα σε κύβους

3 φλιτζάνια σπανάκι

1 15,5 oz. κονσέρβα φασόλια - στραγγισμένα και ξεπλυμένα

1 κουταλιά της σούπας φρέσκο τζίντζερ - ψιλοκομμένο

2 σκελίδες σκόρδο - πιεσμένες ή ψιλοκομμένες

1 κουταλιά της σούπας μέλι

1 κουταλιά της σούπας ξύδι ρυζιού

2 κουταλιές της σούπας σάλτσα σόγιας με μειωμένο νάτριο

1 φλιτζάνι μακρόσκοκο ρύζι - μαγειρεμένο, για το σερβίρισμα

ΚΑΤΕΥΘΎΝΣΕΙΣ

Εάν πρέπει να ετοιμάσετε ρύζι ή δημητριακά ολικής αλέσεως για το γεύμα, ξεκινήστε το πριν φτιάξετε το stir fry.

Ζεσταίνουμε το ελαιόλαδο σε ένα μεγάλο τηγάνι σε μέτρια φωτιά. Προσθέστε τα γογγύλια και μαγειρέψτε, ανακατεύοντας/αναποδογυρίζοντας περιστασιακά, για 8-12 λεπτά ή μέχρι να ροδίσουν ελαφρά και να μαλακώσουν.

Ενώ τα γογγύλια ψήνονται, χτυπήστε μαζί το τζίντζερ, το σκόρδο, το μέλι, το ξύδι ρυζιού και τη σάλτσα σόγιας σε ένα μικρό μπολ. Προσθέστε το σπανάκι, τα φασόλια και τη σάλτσα στο τηγάνι. Μαγειρέψτε για 4-6 λεπτά ή μέχρι να μαραθεί το σπανάκι και να ζεσταθεί το ανακάτεμα.

Σερβίρετε ζεστό πάνω από ρύζι.

80. Ρύζι με αρνί, άνηθο και φασόλια

Μερίδες: 8 μερίδες

ΣΥΣΤΑΤΙΚΆ

2 κουταλιές της σούπας Βούτυρο

1 μέτριο κρεμμύδι? ξεφλουδίζονται και κόβονται σε φέτες πάχους 1/4 ίντσας

3 λίβρες Αρνίσια ωμοπλάτη χωρίς κόκαλα, σε κύβους

3 φλιτζάνια Νερό

1 κουταλιά της σούπας αλάτι

2 φλιτζάνια άψητο μακρόσκοκο λευκό ρύζι, μουλιασμένο και στραγγισμένο

4 φλιτζάνια Άνηθος, φρέσκος? ψιλοκομμένο

2 δέκα ουγκιές. φασόλια Pinto

8 κουταλιές της σούπας βούτυρο? λειωμένο

$\frac{1}{4}$ κουταλάκι του γλυκού κλωστές σαφράν. κονιορτοποιημένο και διαλυμένο σε 1 κουταλιά της σούπας. ζεστό νερό

ΚΑΤΕΥΘΎΝΣΕΙΣ

Σε μια βαριά κατσαρόλα 3 έως 4 λίτρων, με καλά προσαρμοσμένο καπάκι, λιώστε τις 2 κουταλιές της σούπας βούτυρο σε μέτρια φωτιά.

Όταν ο αφρός αρχίσει να υποχωρεί, προσθέστε τα κρεμμύδια και, ανακατεύοντας συχνά, μαγειρέψτε για περίπου 10 λεπτά ή μέχρι να ροδίσουν πολύ οι φέτες. Με μια τρυπητή κουτάλα τα μεταφέρουμε σε ένα πιάτο.

Μισή ντουζίνα κομμάτια περίπου κάθε φορά, ροδίζουμε τους κύβους αρνιού στο λίπος που έχει απομείνει στην κατσαρόλα, γυρνώντας τους με λαβίδες ή κουτάλι και ρυθμίζοντας τη φωτιά ώστε να χρωματίσουν βαθιά και ομοιόμορφα χωρίς να καούν. Καθώς ροδίζουν, μεταφέρουμε τους κύβους του αρνιού στο πιάτο με τα κρεμμύδια.

Ρίξτε τα 3 φλιτζάνια νερό στην κατσαρόλα και αφήστε τα να βράσουν σε δυνατή φωτιά, εν τω μεταξύ ξύνετε τα καφέ σωματίδια που κολλάνε στον πάτο και τις πλευρές του τηγανιού. Επιστρέψτε το αρνί και το κρεμμύδι στην κατσαρόλα, προσθέστε το αλάτι και χαμηλώστε τη φωτιά.

Σκεπάζετε σφιχτά και σιγοβράζετε για περίπου 1 ώρα και 15 λεπτά ή μέχρι να μαλακώσει το αρνί και να μην παρουσιάζει αντίσταση όταν το τρυπάτε με την αιχμή ενός μικρού, κοφτερό μαχαιριού.

Μεταφέρετε το αρνί, τα κρεμμύδια και όλο το υγρό μαγειρέματος σε ένα μεγάλο μπολ και αφήστε την κατσαρόλα στην άκρη.

Προθερμαίνουμε το φούρνο στους 350 βαθμούς. Βάλτε 6 φλιτζάνια νερό να βράσουν σε μια κατσαρόλα 5 έως 6 λίτρων. Ρίξτε το ρύζι σε αργή, λεπτή ροή για να μην σταματήσει να βράζει το νερό. Ανακατεύουμε μία ή δύο φορές, βράζουμε ζωηρά για 5 λεπτά, στη συνέχεια αποσύρουμε την κατσαρόλα από τη φωτιά, ρίχνουμε μέσα τον άνηθο και τα φασόλια και τα στραγγίζουμε σε ψιλή σήτα.

Ρίξτε περίπου το μισό μείγμα ρυζιού στην κατσαρόλα και βρέξτε το με «μια κούπα από το αρνί υγρό μαγειρέματος. Στη συνέχεια με μια σπάτουλα ή ένα κουτάλι απλώνουμε το μείγμα του ρυζιού στις άκρες του ταψιού.

Με μια τρυπητή κουτάλα επιστρέφουμε το αρνί και τα κρεμμύδια στην κατσαρόλα και τα λειαίνουμε πάνω από το ρύζι.

Στη συνέχεια απλώνουμε από πάνω το υπόλοιπο μείγμα ρυζιού. Συνδυάστε 2 κουταλιές της σούπας λιωμένο βούτυρο με 6 κουταλιές της σούπας ζωμό αρνιού και περιχύστε με το ρύζι. Βάζουμε την κατσαρόλα να πάρει μια βράση σε δυνατή φωτιά.

Σκεπάζετε σφιχτά και ψήνετε στη μέση του φούρνου για 30 με 40 λεπτά ή μέχρι να μαλακώσουν τα φασόλια και το ρύζι να απορροφήσει όλα τα υγρά της κατσαρόλας.

Για να σερβίρετε, ρίχνετε ένα κουτάλι περίπου από το μείγμα του ρυζιού σε ένα μικρό μπολ, προσθέτετε το διαλυμένο σαφράν και ανακατεύετε μέχρι το ρύζι να γίνει ανοιχτό κίτρινο.

Απλώνουμε περίπου το μισό ρύζι που έχει απομείνει σε μια θερμαινόμενη πιατέλα και απλώνουμε από πάνω το αρνί. Καλύπτουμε το αρνί με το υπόλοιπο μείγμα απλού ρυζιού και το γαρνίρουμε με το ρύζι σαφράν. Ρίξτε τις υπόλοιπες 6 κουταλιές της σούπας λιωμένο βούτυρο από πάνω.

81. Cheesy Pinto Beans

Χρόνος προετοιμασίας: 10 λεπτά

Χρόνος μαγειρέματος: 10 λεπτά

Μερίδες: 4

ΣΥΣΤΑΤΙΚΆ

2 σκελίδες σκόρδο

1 jalapeño

1 κουταλιά της σούπας μαγειρικό λάδι

2 15 oz. κονσέρβες φασόλια

1/4 κουταλάκι του γλυκού καπνιστή πάπρικα

1/4 κουταλάκι του γλυκού αλεσμένο κύμινο

1/8 κουταλάκι του γλυκού φρεσκοτριμμένο μαύρο πιπέρι

2 δόσεις καυτερή σάλτσα

1/2 φλιτζάνι τριμμένο τυρί τσένταρ

2 μερίδες ρύζι με μακριά κόκκους, μαγειρεμένο

ΚΑΤΕΥΘΎΝΣΕΙΣ

Ψιλοκόψτε το σκόρδο και ψιλοκόψτε το jalapeño.

Προσθέστε το σκόρδο, το jalapeño και το μαγειρικό λάδι σε μια κατσαρόλα. Σοτάρετε το σκόρδο και το jalapeño σε μέτρια φωτιά για περίπου ένα λεπτό ή μόνο μέχρι να μυρίσει πολύ το σκόρδο.

Προσθέστε ένα κουτί φασόλια pinto σε ένα μπλέντερ, με το υγρό στο κουτί, και πολτοποιήστε μέχρι να ομογενοποιηθεί.

Προσθέστε τα πολτοποιημένα φασόλια και το δεύτερο κουτάκι φασόλια στην κατσαρόλα με το σκόρδο και το jalapeño. Ανακατεύουμε να ενωθούν.

Καρυκεύστε τα φασόλια με καπνιστή πάπρικα, κύμινο, πιπέρι και καυτερή σάλτσα. Ανακατεύουμε να ενωθούν και μετά ζεσταίνουμε σε μέτρια ποσότητα, ανακατεύοντας περιστασιακά.

Τέλος, προσθέτουμε το τριμμένο τσένταρ και ανακατεύουμε μέχρι να λιώσει ομαλά στα φασόλια. Δοκιμάστε τα φασόλια και προσαρμόστε το καρύκευμα σύμφωνα με τις προτιμήσεις σας. Σερβίρετε πάνω από ρύζι ή με το αγαπημένο σας γεύμα.

82. Ρύζι και φασόλια με πέστο βασιλικού

Μερίδες: 4 Μερίδες

ΣΥΣΤΑΤΙΚΆ

Σπρέι μαγειρικής λαχανικών

1 φλιτζάνι κρεμμύδι ψιλοκομμένο

1 φλιτζάνι άψητο μακρόσκοκο ρύζι

κουτάκι 13$\frac{3}{4}$ ουγγιάς ζωμός κοτόπουλου χωρίς προσθήκη αλατιού

1 φλιτζάνι ψιλοκομμένη ντομάτα χωρίς φλούδα

$\frac{1}{4}$ φλιτζάνι σάλτσα βασιλικού πέστο του εμπορίου

16 ουγγιές φασόλια pinto

ΚΑΤΕΥΘΎΝΣΕΙΣ

Καλύψτε ένα μεγάλο τηγάνι με σπρέι μαγειρέματος και τοποθετήστε το σε μέτρια προς δυνατή φωτιά μέχρι να ζεσταθεί.

Προσθέστε κρεμμύδι? σοτάρουμε για 2 λεπτά. Προσθέστε ρύζι και ζωμό. αφήνουμε να πάρει μια βράση.

Χαμηλώνουμε τη φωτιά και σιγοβράζουμε, ακάλυπτα, για 15 λεπτά ή μέχρι να γίνει το ρύζι και να απορροφηθούν τα υγρά.

Ανακατεύουμε με ντομάτα, σάλτσα πέστο και φασόλια. μαγειρέψτε για 2 λεπτά ή μέχρι να ζεσταθεί καλά.

83. Μπριζόλα με φασόλια και ρύζι

Μερίδες: 6 Μερίδες

ΣΥΣΤΑΤΙΚΆ

1 $\frac{1}{2}$ λίβρα μπριζόλα πλευρά

3 κουταλιές της σούπας Φυτικό λάδι

2 φύλλα δάφνης

5 φλιτζάνια ζωμός βοείου κρέατος

4 κουταλιές της σούπας ελαιόλαδο

2 κρεμμύδια? ψιλοκομμένο

6 σκελίδες σκόρδο? κιμάς

1 κουταλιά της σούπας αποξηραμένη ρίγανη

1 κουταλιά της σούπας αλεσμένο κύμινο

2 ντομάτες? σπόροι, ψιλοκομμένοι

Αλας; να δοκιμάσω

Φρεσκοτριμμένο μαύρο πιπέρι; να δοκιμάσω

φασόλια Pinto

Μαγειρεμένο μακρόσκοκο λευκό ρύζι

2 κουταλιές της σούπας Φυτικό λάδι

6 Αυγά

ΚΑΤΕΥΘΎΝΣΕΙΣ

Αλατοπιπερώνουμε τη μπριζόλα. Ζεσταίνουμε το φυτικό λάδι σε ένα μεγάλο τηγάνι σε δυνατή φωτιά. Προσθέστε τη μπριζόλα και μαγειρέψτε μέχρι να ροδίσει από όλες τις πλευρές. Προσθέστε τα φύλλα δάφνης και το ζωμό.

Χαμηλώνουμε τη φωτιά και σιγοβράζουμε μέχρι η μπριζόλα να είναι πολύ τρυφερή, γυρίζοντας περιστασιακά για περίπου 2 ώρες.

Αποσύρουμε από τη φωτιά και αφήνουμε το κρέας να κρυώσει μέσα στο ζωμό. Βγάζουμε το κρέας από τον ζωμό και το τεμαχίζουμε. Κρατήστε 1 φλιτζάνι υγρό μαγειρέματος. κρατήστε το υπόλοιπο μαγειρικό υγρό για άλλη χρήση. Ζεσταίνουμε το ελαιόλαδο σε ένα μεγάλο τηγάνι σε μέτρια προς δυνατή φωτιά. Προσθέτουμε το κρεμμύδι και σοτάρουμε μέχρι να ροδίσει.

Προσθέτουμε το σκόρδο, τη ρίγανη, το κύμινο και σοτάρουμε μέχρι να μυρίσουν. Προσθέστε τις ντομάτες και συνεχίστε το μαγείρεμα μέχρι να εξατμιστούν τα περισσότερα υγρά.

Προσθέστε το ψιλοκομμένο κρέας και 1 φλιτζάνι από το κρατημένο υγρό μαγειρέματος. Αλατοπιπερώνετε με αλάτι και πιπέρι. Τοποθετήστε το μοσχάρι, το ρύζι και τα φασόλια σε μια ορθογώνια πιατέλα σε τρεις σειρές με το ρύζι στο κέντρο.

Ζεσταίνουμε το φυτικό λάδι σε ένα μεγάλο τηγάνι σε μέτρια φωτιά.

Σπάστε τα αυγά στο τηγάνι. Τηγανίζουμε μέχρι να δέσει απαλά.

Σερβίρετε πάνω από φασόλια, κρέας και ρύζι.

84. Αφρικανικό ρύζι και φασόλια

Χρόνος προετοιμασίας: 15 λεπτά

Χρόνος μαγειρέματος: 35 λεπτά

Μερίδες: 6

ΣΥΣΤΑΤΙΚΆ

½ φλιτζάνι κόκκινο/φοινικέλαιο/ή λάδι canola

2-3 σκελίδες σκόρδο ψιλοκομμένες

1 μέτριο κρεμμύδι κομμένο σε κύβους

1 κουταλιά της σούπας καπνιστή πάπρικα

1 κουταλάκι του γλυκού αποξηραμένο θυμάρι

½ πιπέρι σκωτσέζικο καπό ή ½ κουταλάκι του γλυκού πιπέρι καγιέν

4 ντομάτες κομμένες σε κύβους

2 φλιτζάνια πλυμένο μακρόσκοκο ρύζι

2 φλιτζάνια μαγειρεμένα φασόλια pinto

4 1/2 - 5 φλιτζάνια ζωμό κότας ή νερό

1 κουταλιά της σούπας αλάτι ή περισσότερο για γεύση

1/4 φλιτζανιού καραβίδες

1 κουταλάκι του γλυκού μπουγιόν κοτόπουλου

ΚΑΤΕΥΘΎΝΣΕΙΣ

Ζεσταίνουμε μια κατσαρόλα με λάδι. Στη συνέχεια προσθέτουμε τα κρεμμύδια, το σκόρδο, το θυμάρι, την καπνιστή πάπρικα και την καυτερή πιπεριά, τα σοτάρουμε για περίπου ένα λεπτό και προσθέτουμε τις ντομάτες. Μαγειρέψτε για περίπου 5-7 λεπτά.

Ανακατέψτε το ρύζι στο τηγάνι. συνεχίζουμε το ανακάτεμα για περίπου 2 λεπτά.

Στη συνέχεια, προσθέστε τα φασόλια, 4 1/2 φλιτζάνια ζωμό κοτόπουλου/νερό, αφήστε να πάρει βράση, χαμηλώστε τη φωτιά και σιγοβράστε μέχρι να ψηθεί το ρύζι, περίπου 18 λεπτά ή περισσότερο. Προσαρμόστε για αλάτι και πιπέρι. Πρέπει να ανακατεύετε περιστασιακά για να αποτρέψετε τυχόν εγκαύματα.

Σερβίρετε ζεστό με κοτόπουλο, στιφάδο ή λαχανικά

85. Tumbleweed, φασόλια και σαλάτα ρυζιού

Μερίδες: 6 μερίδες

ΣΥΣΤΑΤΙΚΆ

$\frac{3}{4}$ φλιτζάνι αποξηραμένα φασόλια pinto

1 $\frac{1}{2}$ φλιτζάνι λαχανικά ή σγουρά αντίδι, ή μάραθο, πλυμένα καλά και στραγγισμένα

1 $\frac{1}{2}$ φλιτζάνι μαγειρεμένο λευκό μακρόσκοκο ρύζι

$\frac{3}{4}$ φλιτζάνι ηλιέλαιο

3 κουταλιές της σούπας ξύδι από κόκκινο κρασί με γεύση βότανα

2 κουταλιές της σούπας φρέσκο σχοινόπρασο ψιλοκομμένο

2 μικρές σκελίδες σκόρδο, καθαρισμένες

$\frac{1}{4}$ κουταλάκι του γλυκού μαύρο πιπέρι

$\frac{1}{8}$ κουταλάκι του γλυκού Αλάτι

Άνθη σχοινόπρασο για γαρνίρισμα

ΚΑΤΕΥΘΎΝΣΕΙΣ

Μουλιάζουμε τα φασόλια όλη τη νύχτα σε νερό για να καλυφθούν. Το πρωί στραγγίζετε τα φασόλια, τα ξεπλένετε με κρύο τρεχούμενο νερό και τα βάζετε σε μια κατσαρόλα με φρέσκο νερό να σκεπάσει.

Αφήστε να πάρει μια βράση σε δυνατή φωτιά, στη συνέχεια μειώστε τη φωτιά και σιγοβράστε για αρκετές ώρες μέχρι τα φασόλια να μαλακώσουν και οι φλούδες να αρχίσουν να χωρίζονται.

Προσθέστε νερό όταν χρειάζεται για να μην στεγνώσουν τα φασόλια και ανακατέψτε περιστασιακά για να μην καούν και κολλήσουν. Αποσύρουμε από τη φωτιά, στραγγίζουμε και αφήνουμε να κρυώσει.

Σε ένα μπολ, ανακατέψτε τα χόρτα, τα φασόλια και το ρύζι. Σκεπάζουμε και βάζουμε στο ψυγείο για τουλάχιστον 30 λεπτά.

Σε ένα μπλέντερ ανακατεύουμε το λάδι, το ξύδι, το σχοινόπρασο, το σκόρδο, το πιπέρι και το αλάτι. Ανακατεύουμε σε δυνατή ταχύτητα μέχρι το σχοινόπρασο και το σκόρδο να πολτοποιηθούν.

Ρίξτε το dressing πάνω στη σαλάτα, ρίξτε και γαρνίρετε με άνθη σχοινόπρασου.

86. Σαλάτα με φασόλια Pinto, ρύζι και λαχανικά

Χρόνος προετοιμασίας: 15 λεπτά

Χρόνος μαγειρέματος: 15 λεπτά

Μερίδες: 4

ΣΥΣΤΑΤΙΚΆ

2 φλιτζάνια νερό

1 φλιτζάνι άψητο μακρόσκοκο ρύζι

Δοχείο 15 ουγγιών φασόλια pinto, ξεπλυμένα και στραγγισμένα

1 κόκκινη πιπεριά

1 κίτρινη πιπεριά

5 φρέσκα κρεμμυδάκια

$\frac{1}{4}$ φλιτζάνι ελαιόλαδο

$\frac{1}{4}$ φλιτζάνι μηλόξυδο

1 κουταλιά της σούπας μουστάρδα Dijon

1 κουταλάκι του γλυκού αλεσμένο κύμινο

1 μεγάλη σκελίδα σκόρδο

$\frac{3}{4}$ κουταλάκι του γλυκού αλάτι kosher

$\frac{1}{4}$ κουταλάκι του γλυκού φρεσκοτριμμένο μαύρο πιπέρι

ΚΑΤΕΥΘΎΝΣΕΙΣ

Ρίξτε 2 φλιτζάνια νερό σε μια μέτρια κατσαρόλα. Αφήνουμε να πάρει μια βράση, μετά προσθέτουμε το άψητο ρύζι, ανακατεύουμε να ενωθεί και ξαναβράζουμε. Καλύψτε το τηγάνι και μειώστε τη φωτιά όσο το δυνατόν χαμηλότερα.

Σιγοβράζουμε χωρίς να ανοίξουμε το καπάκι για 15 λεπτά, μέχρι να μαλακώσει το ρύζι και να απορροφηθεί το νερό.

Ψιλοκόβουμε τις πιπεριές. Κόβουμε σε λεπτές φέτες τα πράσινα κρεμμυδάκια. Ψιλοκόψτε το σκόρδο.

Σε ένα μεγάλο μπολ ανακατεύουμε το μαγειρεμένο ρύζι, τα φασόλια, τις ψιλοκομμένες κόκκινες και κίτρινες πιπεριές και το κρεμμύδι και ανακατεύουμε να ενωθούν.

Σε ένα μικρό μπολ ή μεζούρα, συνδυάστε το ελαιόλαδο, το μηλόξυδο, τη μουστάρδα, το κύμινο, το σκόρδο, το αλάτι και το μαύρο πιπέρι, χτυπήστε καλά να ενωθούν και μετά περιχύστε το μείγμα του ρυζιού.

Ανακατέψτε απαλά για να επικαλυφθεί και μετά σερβίρετε αμέσως ή διατηρήστε το στο ψυγείο για έως και 3 ημέρες.

87. Σαλάτα Edamame και Pinto Bean

Χρόνος προετοιμασίας: 30 λεπτά

Χρόνος μαγειρέματος: 10 λεπτά

ΜΕΡΙΔΙΕΣ: 6

ΣΥΣΤΑΤΙΚΆ

ΓΙΑ ΤΟ ντύσιμο

1/2 φλιτζάνι ξίδι μηλίτη

1/4 φλιτζάνι ελαιόλαδο

1 1/2 κουταλάκι του γλυκού κύμινο

1 κουταλάκι του γλυκού φρέσκο ψιλοκομμένο σκόρδο

Αλάτι και πιπέρι για να γευτείς

ΓΙΑ ΤΗ ΣΑΛΑΤΑ

3 φλιτζάνια μαγειρεμένο μακρόσκοκο ρύζι, κρύο

2 φλιτζάνια φασόλια edamame

1 ουγκιά. κονσέρβα φασόλια

3/4 φλιτζανιού κόκκινη πιπεριά ψιλοκομμένη

3/4 φλιτζάνι φρέσκο κόλιανδρο χοντροκομμένο

Αλάτι και πιπέρι για να γευτείς

ΚΑΤΕΥΘΎΝΣΕΙΣ

Σε ένα μπολ με ένα σύρμα ανακατεύουμε το ελαιόλαδο, το ξύδι, το σκόρδο και το κύμινο. Χτυπάμε μέχρι να ενωθούν καλά, δοκιμάζουμε και αλατοπιπερώνουμε. Αφήνω στην άκρη.

Σε ένα ξεχωριστό μεγάλο μπολ, προσθέστε το μαγειρεμένο ρύζι, τα φασόλια edamame, την ψιλοκομμένη πιπεριά και τα φασόλια pinto.

Ανακατεύουμε και αλατοπιπερώνουμε. Προσθέστε τον ψιλοκομμένο κόλιαντρο.

Μην προσθέτετε το ντρέσινγκ λίγο πριν το σερβίρετε. Προσθέστε στην αρχή περίπου το μισό και δοκιμάστε.

Ανακατεύουμε καλά και σερβίρουμε σε μεγάλο μπολ, γαρνίροντας με περισσότερα φύλλα κόλιανδρου.

88. Σαλάτα με ρύζι και φασόλια με κιμά crudité

Μερίδες: 4

ΣΥΣΤΑΤΙΚΆ

1 ¼ φλιτζάνι μαγειρεμένο μακρόσπερμο ρύζι

1 φλιτζάνι μαγειρεμένα φασόλια pinto -- ξεπλυμένα και στραγγισμένα

2 κουταλιές της σούπας πεκάν ψιλοκομμένα -- ψητά

2 κουταλιές της σούπας ψιλοκομμένη κόκκινη πιπεριά

2 κουταλιές της σούπας ψιλοκομμένο κόκκινο κρεμμύδι

3 κουταλιές της σούπας φρέσκο κόλιανδρο ψιλοκομμένο

3 κουταλιές της σούπας πράσινες πιπεριές τσίλι, κομμένες σε κύβους

⅓ φλιτζάνι Καρότα -- ψιλοκομμένα

⅓ φλιτζάνι μπουκετάκια μπρόκολου -- ψιλοκομμένα

⅓ φλιτζάνι Μπουκίτσες κουνουπιδιού, κιμάς

Αλάτι και πιπέρι -- φρεσκοτριμμένο

2 φλιτζάνια Iceberg μαρούλι -- τριμμένο

3 κουταλιές της σούπας Ιταλική σαλάτα χωρίς λιπαρά

ΚΑΤΕΥΘΎΝΣΕΙΣ

Μαγειρέψτε τα φασόλια pinto, με μια γαρνιτούρα από κοτσάνι σέλινου, κομμάτι καρότου και κοτσάνι μάραθου. Ξεπλύνετε, στραγγίστε, κρυώστε.

Περίπου δύο με τρεις ώρες πριν το σερβίρισμα, συνδυάστε το παγωμένο ρύζι και τα φασόλια σε ένα μεγάλο μπολ ανάμειξης. Ξεφλουδίστε ένα καρότο και κόψτε το σε κομμάτια 1 ίντσας.

Ψιλοκόψτε, μαζί με 5 έως 6 μπουκίτσες μπρόκολου και μπουκίτσες κουνουπιδιού, σε έναν επεξεργαστή τροφίμων. Προσθέστε στο μπολ και ανακατέψτε.

Στεγνό τηγάνι ψήνετε τα κομμάτια πεκάν για περίπου 4 λεπτά σε μέτρια φωτιά. Αποσύρουμε από τη φωτιά. Αφήνουμε να κρυώσει και μετά προσθέτουμε στη σαλάτα.

Ψιλοκόβουμε με το χέρι το κρεμμύδι, την κόκκινη πιπεριά και τα φρέσκα φύλλα κόλιανδρου. Ψιλοκόψτε τις κονσέρβες πιπεριές τσίλι.

Προσθέστε στη σαλάτα και ανακατέψτε καλά. Δοκιμάζουμε και αλατοπιπερώνουμε. Ρίξτε καλά.

Προσθέστε 3 κουταλιές της σούπας ντρέσινγκ σαλάτας. Τινάσσω. Ψύχρα. Σερβίρετε σε ένα κρεβάτι με ψιλοκομμένο μαρούλι.

89. Γκάμπο με φασόλια και ρύζι

Χρόνος προετοιμασίας 5 λεπτά

Χρόνος μαγειρέματος 20 λεπτά

Μερίδες: 4

ΣΥΣΤΑΤΙΚΆ

2 φλιτζάνια κοτόπουλο, ψημένο και κομμένο σε κύβους

1 φλιτζάνι μακρόσκοκο ρύζι, μαγειρεμένο

2 κονσέρβες 15 ουγγιών φασόλια, στραγγισμένα

4 φλιτζάνια ζωμός κοτόπουλου

2 κουταλιές της σούπας μίγμα καρυκευμάτων Taco

1 φλιτζάνι σάλτσα ντομάτας

Καλύμματα:

Τυρί τριμμένο

Salsa

Ψιλοκομμένο κόλιανδρο

Ψιλοκομμένο κρεμμύδι

ΚΑΤΕΥΘΎΝΣΕΙΣ

Βάζουμε όλα τα υλικά σε μια μέτρια κατσαρόλα. Ανακατεύουμε απαλά.

Μαγειρέψτε σε μέτρια φωτιά, σιγοβράζοντας για περίπου 20 λεπτά, ανακατεύοντας κατά διαστήματα.

Σερβίρουμε με γαρνιτούρες.

90. Chili con Carne

ΣΥΣΤΑΤΙΚΆ

500 γρ κιμάς/κιμάς μοσχαρίσιος
1 μεγάλο κρεμμύδι ψιλοκομμένο
3 σκελίδες σκόρδο
2 (15 ουγγιές το καθένα) κουτάκι ψιλοκομμένες ντομάτες
Μια στύβα πελτέ ντομάτας
1 κουταλάκι του γλυκού τσίλι σε σκόνη
1 κουταλάκι του γλυκού αλεσμένο κύμινο
απότομη σάλτσα Worcester
Αλατοπίπερο
1 κόκκινη πιπεριά ψιλοκομμένη
Δοχείο 15 ουγγιών με στραγγισμένα φασόλια
Μαγειρεμένο μακρόκοκκο ρύζι, για σερβίρισμα

ΚΑΤΕΥΘΎΝΣΕΙΣ

Τσιγαρίζουμε το κρεμμύδι σε ζεστό τηγάνι με λάδι μέχρι να ροδίσει και προσθέτουμε το ψιλοκομμένο σκόρδο
Προσθέστε τον κιμά και ανακατέψτε μέχρι να ροδίσει. στραγγίστε το περιττό λίπος αν θέλετε
Προσθέστε όλα τα αποξηραμένα μπαχαρικά και τα καρυκεύματα, στη συνέχεια χαμηλώστε τη φωτιά και προσθέστε ψιλοκομμένες ντομάτες
Ανακατεύουμε καλά και προσθέτουμε τον πουρέ ντομάτας και τη σάλτσα Worcestershire και μετά αφήνουμε να σιγοβράσει για περίπου μία ώρα.
Προσθέστε την ψιλοκομμένη κόκκινη πιπεριά και συνεχίστε να σιγοβράζετε για 5 λεπτά, στη συνέχεια προσθέστε την κονσέρβα με τα στραγγισμένα φασόλια και μαγειρέψτε για άλλα 5 λεπτά.
Σερβίρουμε με ρύζι μακριού κόκκου.

91. Vegan Rice Gumbo

Χρόνος προετοιμασίας: 5 λεπτά

Χρόνος μαγειρέματος: 25 λεπτά

Μερίδες: 4

ΣΥΣΤΑΤΙΚΆ

4 μεγάλα κοτσάνια σέλινου

3 μεγάλα καρότα

1 μέτριο κρεμμύδι

1 κουταλάκι του γλυκού αποξηραμένο θυμάρι

1 κουταλάκι του γλυκού αποξηραμένος μαϊντανός

1 κουταλάκι του γλυκού σκόνη σκόρδου

1 κουταλάκι του γλυκού αλάτι

1/2 κουταλάκι του γλυκού αλεσμένο φασκόμηλο

1 κουταλιά της σούπας αμινοξέα καρύδας

4 φλιτζάνια ζωμό λαχανικών

2 φλιτζάνια νερό

2/3 φλιτζάνι μακρόσκοκο λευκό ρύζι

1 κονσέρβα φασόλια

ΚΑΤΕΥΘΎΝΣΕΙΣ

Κόβουμε ή ψιλοκόβουμε τα λαχανικά σε μπουκιές.

Προσθέστε μια μεγάλη κατσαρόλα στο μάτι της κουζίνας και ανάψτε σε μέτρια φωτιά. Ψεκάστε τον πάτο της κατσαρόλας με λάδι αβοκάντο ή σπρέι ελαιόλαδου. Προσθέστε λαχανικά.

Μαγειρέψτε τα λαχανικά για 3-4 λεπτά.

Μετά από 3-4 λεπτά, προσθέστε τα μπαχαρικά, τη δάφνη και τα αμινοξέα καρύδας. Ανακατεύουμε και μαγειρεύουμε για 1-2 λεπτά ακόμα.

Όσο ψήνονται τα λαχανικά, ξεπλένουμε καλά το ρύζι.

Προσθέστε 1/2 φλιτζάνι ζωμό λαχανικών και ξύστε τον πάτο/πλευρά της κατσαρόλας αφαιρώντας τυχόν καφέ κομμάτια από τον πάτο.

Προσθέστε τον υπόλοιπο ζωμό, το νερό και το ρύζι στην κατσαρόλα. Ανακατεύουμε και σκεπάζουμε. Ανεβάστε τη φωτιά στο υψηλό.

Μόλις το Gumbo πάρει βράση, χαμηλώστε τη φωτιά και μαγειρέψτε για 15 λεπτά.

Ενώ το Gumbo ψήνεται, ξεπλύνετε και στραγγίστε τα φασόλια. Και προσθέστε τα στο Gumbo.

Ακριβώς πριν το σερβίρισμα, αφαιρούμε τα φύλλα δάφνης.

Σερβίρετε ζεστό.

92. Μπουρίτο με φασόλια και ρύζι

Μερίδες: 10 μερίδες

ΣΥΣΤΑΤΙΚΆ

1 κονσέρβα φασόλια Pinto

1 φλιτζάνι ρύζι με μακριά κόκκους? μαγείρευτος

½ φλιτζάνι Κρεμμύδια? κατεψυγμένο, ψιλοκομμένο

½ φλιτζάνι πιπεριές? κατεψυγμένο, ψιλοκομμένο

½ φλιτζάνι Καλαμπόκι? παγωμένος

Τσίλι σε σκόνη; παύλα

Μαρούλι, ψιλοκομμένο

1 μάτσο κρεμμύδια? ψιλοκομμένο

Κύμινο; παύλα

Σκόνη σκόρδου; παύλα

¾ φλιτζάνι Νερό

Salsa, χωρίς λάδι, χαμηλή σε νάτριο

10 τορτίγιες, ολικής αλέσεως

1 ντομάτα? ψιλοκομμένο

ΚΑΤΕΥΘΎΝΣΕΙΣ

Σε ένα τηγάνι σοτάρουμε τα κατεψυγμένα κρεμμύδια και τις πράσινες πιπεριές σε λίγες κουταλιές της σούπας νερό.

Στραγγίζουμε και ξεπλένουμε τα φασόλια και τα βάζουμε σε ένα τηγάνι και τα πολτοποιούμε με έναν πουρέ πατάτας. Προσθέστε το βρασμένο ρύζι, το καλαμπόκι, τα μπαχαρικά και το νερό. Ζεσταίνουμε 5 με 10 λεπτά μέχρι να απορροφηθεί το μεγαλύτερο μέρος του νερού, ανακατεύοντας κατά διαστήματα.

Ζεσταίνουμε γρήγορα τις τορτίγιες σε προθερμασμένο τηγάνι, τοστιέρα ή φούρνο μικροκυμάτων.

Τοποθετήστε μια γραμμή μείγματος φασολιών στη μέση κάθε τορτίγιας και προσθέστε ένα κουταλάκι του γλυκού σάλσα και οποιαδήποτε άλλη επικάλυψη θέλετε.

Διπλώστε $\frac{1}{2}$ ίντσα σε κάθε πλευρά, πιέστε στην επάνω άκρη και κυλήστε σε μπουρίτο. Σερβίρετε αμέσως, προσθέτοντας επιπλέον σάλτσα αν θέλετε.

93. Ρολά ρυζιού και φασολιών

Μερίδες: 6

Πχρόνος αποκατάστασης: 20 λεπτά

Χρόνος μαγειρέματος: 55 λεπτά

ΣΥΣΤΑΤΙΚΆ

1 1/2 φλιτζάνι σάλσα

1 φλιτζάνι μαγειρεμένο μακρόσκοκο ρύζι

2 μέτριες ντομάτες Ρομά, ψιλοκομμένες

1 μικρή πιπεριά, κομμένη σε κομμάτια 1/2 ίντσας

1 κονσέρβα φασόλια, χωρίς στράγγιση

1 κουτί καλαμπόκι ολόκληρο, στραγγισμένο

6 τορτίγιες από αλεύρι κήπου με γεύση λαχανικών

1 φλιτζάνι μείγμα μεξικάνικο τυρί τριμμένο

ΚΑΤΕΥΘΎΝΣΕΙΣ

Προθερμάνετε το φούρνο στους 350°F. Απλώστε 1/2 φλιτζάνι από τη σάλσα σε ένα ορθογώνιο ταψί χωρίς λαδόκολλα, 13x9x2 ίντσες.

Ανακατεύουμε το ρύζι, τις ντομάτες, την πιπεριά, τα φασόλια και το καλαμπόκι. Απλώστε περίπου 1 φλιτζάνι μείγμα ρυζιού σε κάθε τορτίγια. τυλίγουμε την τορτίγια. Τοποθετήστε τις πλευρές της ραφής προς τα κάτω στη σάλτσα στο ταψί. Ρίξτε το υπόλοιπο 1 φλιτζάνι σάλσα πάνω από τις τορτίγιες. Πασπαλίζουμε με τυρί.

Σκεπάζουμε και ψήνουμε για 30 με 35 λεπτά ή μέχρι να ζεσταθεί και να λιώσει το τυρί.

Για περισσότερα μπαχαρικά, χρησιμοποιήστε τις νέες τορτίγιες με γεύση jalapeño ή κόλιανδρο που διατίθενται στο σούπερ μάρκετ.

94. Φλαούτα φασολιών Pinto φούρνου με τορτίγια από ρυζάλευρο

Χρόνος προετοιμασίας: 25 λεπτά

Χρόνος μαγειρέματος: 15 λεπτά

Μερίδες: 25 flautas

ΣΥΣΤΑΤΙΚΆ

1/2 φλιτζάνι κόκκινο κρεμμύδι

1/2 φλιτζάνι λευκό κρεμμύδι

2 κουταλιές της σούπας λάδι αβοκάντο

1 μεγάλη πιπεριά κομμένη σε κύβους

2 φλιτζάνια φασόλια

1,5 φλιτζάνι ρεβίθια

1 κονσέρβα φασόλια, στραγγισμένα και ξεπλυμένα

1/4-1/2 φλιτζάνι salsa verde

1 κουταλιά της σούπας τσίλι σε σκόνη

1 κουταλιά της σούπας σκόρδο σε σκόνη

1 κουταλιά της σούπας κύμινο

1/8 κουταλάκι του γλυκού πιπέρι καγιέν ή πάπρικα

1/8 κουταλάκι του γλυκού ρίγανη

αλάτι, για γεύση

2-3 κουταλιές της σούπας φρέσκο κόλιαντρο ψιλοκομμένο

2-4 φλιτζάνια από τα αγαπημένα σας μεξικάνικα τυριά, ψιλοκομμένα

25-30 μικρές τορτίγιες από ρυζάλευρο

ΚΑΤΕΥΘΎΝΣΕΙΣ

Προθερμάνετε το φούρνο σας στους 385 βαθμούς Φ.

Σοτάρετε το κρεμμύδι σας σε λίγο λάδι [2 κουταλιές της σούπας] να μαλακώσει.

Στη συνέχεια, συνδυάστε την πιπεριά, τα φασόλια και τη σάλσα σε ένα μεγάλο μπολ.

Προσθέστε τα κρεμμύδια στο μείγμα και αλατοπιπερώστε με σκόνη τσίλι, σκόρδο σε σκόνη, κύμινο, κόλιανδρο, αλάτι, καγιέν και ρίγανη.

Στη συνέχεια τυλίξτε μια μικρή στοίβα τορτίγιες καλαμποκιού [4-5] σε μια υγρή χαρτοπετσέτα και ψήστε τα μικροκύματα σε υψηλή θερμοκρασία για 30 δευτερόλεπτα. Ακολουθήστε το με επιπλέον 30 δευτερόλεπτα.

Μόλις μαγειρευτεί στον ατμό, ψεκάστε ή τρίψτε τη μια πλευρά της τορτίγιας με λάδι και προσθέστε μια λεπτή στρώση γέμισης λαχανικών κατακόρυφα κατά μήκος του κέντρου της αντίθετης [μη λαδωμένης] της τορτίγιας. Γεμίστε το με μια στρώση τυρί [όσο ή όσο λίγο θέλετε!] και κυλήστε απαλά την τορτίγια.

συμβουλή: οι τορτίγιες σας στον ατμό θα αρχίσουν φυσικά να τυλίγονται η μία γύρω από την άλλη στη στοίβα. Αυτό είναι ένα απόλυτο πλεονέκτημα αφού φυσικά θέλουν να κυλήσουν! Όταν ξετυλίξετε τις τορτίγιες σας από τη χαρτοπετσέτα, λαδώστε την πλευρά προς τα επάνω και μετά βάλτε τη γέμιση από την πλευρά που κατσαρώνει προς τα μέσα. Βιόλα!

Κλείστε κάθε φλάουτα με δύο οδοντογλυφίδες και τοποθετήστε το σε μια συρμάτινη σχάρα ψησίματος/ψύξης. Επαναλάβετε αυτά τα βήματα μέχρι να έχετε ένα ράφι γεμάτο φλαούτα.

Τοποθετήστε τα σε μια σχάρα σε ένα ταψί στρωμένο με αλουμινόχαρτο. Η συρμάτινη σχάρα ανυψώνει τα φλαούτα και τους επιτρέπει να γίνονται όμορφα και τραγανά και από τις δύο πλευρές.

Πασπαλίστε το τελικό προϊόν με μια δόση σκόρδου σε σκόνη και πιπέρι καγιέν.

Ψήνετε στη μεσαία σχάρα, στους 385 F, για περίπου 15-18 λεπτά. Στο τέλος, βάλτε το φούρνο να ψηθεί στο HIGH για λίγο λιγότερο από ένα λεπτό για να γίνουν τραγανές οι τορτίγιες σε ένα τέλεια χρυσαφένιο, τραγανό κέλυφος.

95. Enchiladas με ρύζι και φασόλια με κόκκινη σάλτσα

Μερίδες: 12 Μερίδες

ΣΥΣΤΑΤΙΚΆ

12 τορτίγιες 9 ιντσών με αλεύρι. χωρίς λιπαρά

ΠΛΗΡΩΣΗ

1 κουταλιά της σούπας λάδι Canola

2 κρεμμύδια? ψιλοκομμένο

6 σκελίδες σκόρδο? κιμάς

16 ουγγιές σάλτσα ντομάτας

1 κουταλιά της σούπας τσίλι σε σκόνη

½ κουταλάκι του γλυκού Νιφάδες κόκκινης πιπεριάς. συνθλίβονται

2 κουταλάκια του γλυκού αλεσμένο κύμινο

2 κουταλάκια του γλυκού αλάτι

5 φλιτζάνια μαγειρεμένο ρύζι

3 κιλά μαγειρεμένα φασόλια

Νερό; όπως απαιτείται

⅔ φλιτζάνι μαύρες ελιές χωρίς κουκούτσι. ψιλοκομμένο

8 ουγγιές Αιχμηρό τυρί τσένταρ. τριμμένο

$\frac{1}{2}$ μάτσο ψιλοκομμένα φύλλα κόλιανδρου

ΚΑΤΕΥΘΎΝΣΕΙΣ

Σε ένα μεγάλο αντικολλητικό τηγάνι ή κατσαρόλα ζεσταίνουμε το λάδι. Προσθέστε το κρεμμύδι και το σκόρδο και μαγειρέψτε μέχρι να μαλακώσουν. Προσθέστε τη σάλτσα ντομάτας, τη σκόνη τσίλι, τις νιφάδες πιπεριάς, το κύμινο και αλάτι. Μαγειρέψτε αργά, χωρίς σκέπασμα, για 15 λεπτά για να αναμειχθούν οι γεύσεις.

Προσθέστε το μισό μείγμα ντομάτας στα βρασμένα φασόλια στο μπολ. Ανακατεύουμε να ομογενοποιηθούν. Προσθέστε το μαγειρεμένο ρύζι στο υπόλοιπο μισό μείγμα ντομάτας.

Προθερμάνετε το φούρνο στους 350 F.

Λαδώνουμε ελαφρά ένα μεγάλο ταψί. Τοποθετήστε μια λεπτή στρώση Red Sauce, στον πάτο του ταψιού.

Χωρίζοντας τη γέμιση σε 12 τρόπους, τοποθετήστε τα καρυκευμένα φασόλια, το καρυκευμένο ρύζι, τις ψιλοκομμένες ελιές, το τυρί και τον κόλιαντρο σε κάθε τορτίγια.

Τυλίγουμε σφιχτά και τα τοποθετούμε σε ένα ταψί, με ραφή προς τα κάτω, σε μία στρώση.

Συμπληρώστε με την υπόλοιπη κόκκινη σάλτσα. Σκεπάζουμε με λαδόκολλα ή κερί και καλύπτουμε σφιχτά με αλουμινόχαρτο. Ψήνουμε σε προθερμασμένο φούρνο για 60 λεπτά. Αφαιρέστε αλουμινόχαρτο και χαρτί, πασπαλίστε με 2 οz. κρατημένο τυρί και ψήστε άλλα 15 λεπτά.

Σερβίρουμε με φρέσκια πράσινη σάλσα.

96. Quesadillas με ρύζι και φασόλια

Συνολικός Χρόνος: 20 λεπτά

Μερίδες: 4-6

ΣΥΣΤΑΤΙΚΆ

1 κουταλάκι του γλυκού ελαιόλαδο-

1 φλιτζάνι μαγειρεμένο μακρόσκοκο ρύζι

Δοχείο 15 ουγγιών φασόλια pinto, στραγγισμένα και ξεπλυμένα

1 κουταλάκι του γλυκού κύμινο

1 κουταλάκι του γλυκού πάπρικα

3/4 κουταλάκι του γλυκού σκόνη σκόρδου

1/2 κουταλάκι του γλυκού κρεμμύδι σε σκόνη

4-6 τορτίγιες

Sharp Cheddar Τριμμένο τυρί

ΚΑΤΕΥΘΎΝΣΕΙΣ

Ζεσταίνουμε ένα μεγάλο τηγάνι σε μέτρια φωτιά και προσθέτουμε το ελαιόλαδο, το ρύζι, τα φασόλια και τα μπαχαρικά. Μαγειρέψτε μέχρι να ζεσταθεί, περίπου 3 λεπτά.

Απλώστε την τορτίγια σας σε ένα ξύλο κοπής και πασπαλίστε το μισό με μια μικρή χούφτα τυρί 1/4 - 1/3 φλιτζάνι και μετά από πάνω με ίση ποσότητα μείγματος ρυζιού και φασολιών.

Διπλώνουμε την τορτίγια και τοποθετούμε σε ελαφρά λαδωμένο ταψί. Μαγειρέψτε την quesadilla μέχρι να λιώσει το τυρί και να ροδίσει κάθε πλευρά της τορτίγιας, αναποδογυρίζοντας μία φορά.

Αφήστε τις quesadillas να κρυώσουν για λίγα λεπτά πριν τις κόψετε σε φέτες.

97. Περουβιανό κέικ Tacu Tacu

Συνολικός χρόνος: 35 λεπτά

ΜΕΡΙΔΕΣ: 2-4 μερίδες

ΣΥΣΤΑΤΙΚΆ

ΓΙΑ ΤΗ SALSA CRIOLLA

1/2 μικρό κόκκινο κρεμμύδι, κομμένο σε λεπτές φέτες

2 κουταλιές της σούπας ψιλοκομμένα φύλλα φρέσκου κόλιανδρου

2 κουταλιές της σούπας φρέσκο χυμό λάιμ

1/4 κουταλάκι του γλυκού πάστα aji Amarillo

1/4 κουταλάκι του γλυκού αλάτι kosher

ΓΙΑ ΤΟ TACU TACU

3 κουταλιές της σούπας σταφυλέλαιο ή καρθαμέλαιο

1/2 μικρό κόκκινο κρεμμύδι, ψιλοκομμένο

2 σκελίδες σκόρδο, ψιλοκομμένες

1/2 κουταλάκι του γλυκού αλάτι kosher, συν περισσότερο για γεύση

1 κουταλάκι του γλυκού πάστα aji Amarillo

2 φλιτζάνια μαγειρεμένα ή κονσέρβα φασόλια, στραγγισμένα και ξεπλυμένα

1 φλιτζάνι κρύο μαγειρεμένο μακρόσκοκο λευκό ρύζι

1 κουταλιά της σούπας ψιλοκομμένα φρέσκα πλατύφυλλα φύλλα μαϊντανού

1 κουταλιά της σούπας φρέσκια ρίγανη ψιλοκομμένη

1 λάιμ, κομμένο σε φέτες

ΚΑΤΕΥΘΎΝΣΕΙΣ

Φτιάξτε τη σάλτσα: Σε ένα μέτριο μπολ, ανακατέψτε το κρεμμύδι με αρκετό κρύο νερό για να το σκεπάσει και αφήστε το να καθίσει για τουλάχιστον 10 λεπτά και στη συνέχεια το στραγγίστε. Περιχύνουμε με τον κόλιανδρο, το χυμό λάιμ, το άτζι Αμαρίλο και το σαλ

Φτιάξτε το tacu tacu:

Σε ένα αντικολλητικό τηγάνι 10 ιντσών σε μέτρια προς δυνατή φωτιά, ζεσταίνουμε 1 κουταλιά της σούπας λάδι μέχρι να γυαλίσει. Ρίξτε το κρεμμύδι και το σκόρδο και μαγειρέψτε, ανακατεύοντας, μέχρι να ροδίσουν ελαφρά, για 5 έως 6 λεπτά. Ρίξτε το αλάτι και το aji Amarillo και ξύστε το μείγμα στο μπολ του πολυμίξερ. Σκουπίστε το τηγάνι.

Προσθέστε 1 φλιτζάνι από τα φασόλια στον πολυκόφτη και πολτοποιήστε για λίγο μέχρι να ομογενοποιηθούν αλλά να γίνουν ακόμα χοντρά. Ξύστε το μείγμα σε ένα μεγάλο μπολ.

Προσθέστε το υπόλοιπο 1 φλιτζάνι φασόλια, το ρύζι, τον μαϊντανό και τη ρίγανη στο μπολ και ανακατέψτε να ενωθούν καλά. Δοκιμάζουμε και προσθέτουμε κι άλλο αλάτι αν χρειάζεται.

Βάζετε το τηγάνι σε μέτρια φωτιά και ρίχνετε μέσα άλλη 1 κουταλιά της σούπας λάδι. Προσθέστε το μείγμα ρυζιού και φασολιών και χρησιμοποιήστε μια σπάτουλα για να το απλώσετε ομοιόμορφα και να το μαζέψετε ελαφρά.

Μαγειρέψτε μέχρι να ροδίσει βαθιά στον πάτο, περίπου 7 λεπτά. Αποσύρουμε από τη φωτιά, αναποδογυρίζουμε ένα πιάτο πάνω από το τηγάνι και αναποδογυρίζουμε προσεκτικά και τα δύο για να προσγειωθεί το κέικ με φασόλια και ρύζι από την κάτω πλευρά πάνω στο πιάτο.

Επαναφέρετε το τηγάνι σε μέτρια φωτιά, ρίξτε μέσα την υπόλοιπη 1 κουταλιά της σούπας λάδι και σύρετε το κέικ ξανά στο τηγάνι.

Μαγειρέψτε για άλλα 7 λεπτά ή μέχρι να ροδίσει βαθιά από την άλλη πλευρά, στη συνέχεια αναποδογυρίστε το πιάτο και αναποδογυρίστε το τηγάνι ξανά για να τοποθετήσετε το κέικ στο πιάτο.

Περιχύνουμε με τη σάλτσα και σερβίρουμε ζεστή με φέτες λάιμ.

98. Αλκαλικά μπιζέλια στιφάδο με ζυμαρικά

Συνολικός Χρόνος: 40 λεπτά

Μερίδες: 4

ΣΥΣΤΑΤΙΚΆ

1 φλιτζάνι αποξηραμένα φασόλια pinto, μουλιασμένα όλη τη νύχτα

1 κρεμμύδι μεγάλο

1 καρότο μεγάλο

3 σκελίδες σκόρδο

1 κοτσάνι κρεμμυδάκι

1 κουταλάκι θυμάρι

½ κουταλάκι του γλυκού μπαχάρι, αλεσμένο

1 κουταλιά της σούπας καρύκευμα για όλες τις χρήσεις

Αλάτι και πιπέρι για να γευτείς

1 πιπεριά σκωτσέζικου, ολόκληρη

1 φλιτζάνι γάλα καρύδας

1 κουταλιά της σούπας λάδι

ΖΥΜΠΙΤΕΣ

1 ½ κουταλιά της σούπας. άσπρο ρυζάλευρο

1 ½ κουταλιά της σούπας. αλεύρι φαγόπυρου

1 κουταλιά της σούπας άμυλο πατάτας

½ κουταλιές της σούπας αλεύρι ταπιόκας

1 κουταλιά της σούπας αλεύρι αμυγδάλου

¼ κουταλάκι του γλυκού αλάτι

2 κουταλιές της σούπας. νερό

ΚΑΤΕΥΘΎΝΣΕΙΣ

Στραγγίζουμε τα μουλιασμένα φασόλια και τα βάζουμε σε χύτρα ταχύτητας. Καλύψτε με γλυκό νερό, περίπου μια ίντσα πάνω από τα φασόλια. Καλύψτε και μαγειρέψτε για περίπου 20 με 25 λεπτά.
Εν τω μεταξύ, ψιλοκόβουμε το κρεμμύδι, το σκόρδο, το καρότο και το κρεμμύδι και τα βάζουμε σε ένα μπολ.
Σε ένα άλλο μπολ ανακατεύουμε όλα τα στεγνά υλικά για να φτιάξουμε τα ζυμαρικά. Προσθέστε σταδιακά το νερό, ανακατεύοντας μετά από κάθε ρίψη, μέχρι να αρχίσει να σχηματίζεται μια σφιχτή ζύμη.
Χωρίζουμε τη ζύμη σε περίπου 8 με 10 μικρότερα κομμάτια. Τυλίξτε κάθε κομμάτι ανάμεσα στις παλάμες των χεριών σας σε σχήμα σχοινιών μήκους 3 ιντσών ή περίπου στο μέγεθος του ροζ δακτύλου σας. Αφήνουμε τα ζυμαρικά στην άκρη σε ένα πιάτο.
Μόλις ψηθούν τα φασόλια, αφήστε τη χύτρα ταχύτητας να εκτονώσει την πίεση πριν τα ανοίξετε. Μπορείτε να τρέξετε την κατσαρόλα κάτω από δροσερό νερό βρύσης για να βοηθήσετε.
Αφαιρέστε το καπάκι και προσθέστε τα ψιλοκομμένα καρυκεύματα και τα υπόλοιπα μπαχαρικά.
Προσθέστε το γάλα καρύδας και τα ζυμαρικά και σιγοβράστε σε χαμηλή φωτιά για 10 λεπτά.
Προσθέστε τα ζυμαρικά και στη συνέχεια μαγειρέψτε για άλλα 5 λεπτά μέχρι να ψηθούν πλήρως τα ζυμαρικά. Αν το στιφάδο είναι πολύ πηχτό, προσθέστε περισσότερο νερό όσο χρειάζεται.

Αποσύρουμε από τη φωτιά. Σερβίρετε με ρύζι και λαχανικά στον ατμό ή αβοκάντο.

99. Μπάμιες κάρυ

ΣΥΣΤΑΤΙΚΆ

250 γραμμάρια μπάμιες (γυναικεία δάχτυλο) - κομμένες σε κομμάτια ενός εκ

2 κουταλιές της σούπας τριμμένο τζίντζερ

1 κουταλιά της σούπας σπόρους μουστάρδας

1/2 κουταλιά της σούπας σπόροι κύμινου

2 κουταλιές της σούπας λάδι

Αλάτι για γεύση

Τσιμπήστε την ασαφέτιδα

2-3 κουταλιές της σούπας καβουρδισμένο φιστίκι σε σκόνη

Φύλλα κόλιανδρου

ΚΑΤΕΥΘΎΝΣΕΙΣ

Ζεσταίνουμε το λάδι και προσθέτουμε τους σπόρους μουστάρδας. Όταν σκάσουν προσθέτουμε κύμινο, ασαφέτιδα και τζίντζερ. Μαγειρέψτε για 30 δευτερόλεπτα.

Προσθέτουμε τις μπάμιες και το αλάτι και ανακατεύουμε μέχρι να ψηθούν. Προσθέστε τη σκόνη φυστικιού, μαγειρέψτε για άλλα 30 δευτερόλεπτα.

Σερβίρουμε με φύλλα κόλιανδρου.

100. Κάρι καρύδας λαχανικών

ΣΥΣΤΑΤΙΚΆ

2 μεσαίου μεγέθους πατάτες, κομμένες σε κύβους
1 1/2 φλιτζάνι κουνουπίδι – κομμένο σε μπουκίτσες
3 ντομάτες r κομμένες σε μεγάλα κομμάτια
1 κουταλιά της σούπας λάδι
1 κουταλιά της σούπας σπόρους μουστάρδας
1 κουταλιά της σούπας σπόροι κύμινου
5-6 φύλλα κάρυ
Τσιμπάμε κουρκουμά - προαιρετικά
1 κουταλιά της σούπας τριμμένο τζίντζερ
Φύλλα φρέσκου κόλιανδρου
Αλάτι για γεύση
Φρέσκια ή αποξηραμένη καρύδα – τεμαχισμένη

ΚΑΤΕΥΘΎΝΣΕΙΣ

Ζεσταίνουμε το λάδι και μετά προσθέτουμε τους σπόρους μουστάρδας. Όταν σκάσουν προσθέτουμε τα υπόλοιπα μπαχαρικά και μαγειρεύουμε για 30 δευτερόλεπτα.
Προσθέστε το κουνουπίδι, την ντομάτα και την πατάτα συν λίγο νερό, σκεπάστε και σιγοβράστε, ανακατεύοντας κατά διαστήματα μέχρι να ψηθούν. Θα πρέπει να μείνει λίγο υγρό. Αν θέλετε ένα ξηρό κάρυ, τότε τηγανίστε για λίγα λεπτά μέχρι να εξατμιστεί το νερό.
Προσθέστε την καρύδα, το αλάτι και τα φύλλα κόλιανδρου.
●

ΣΥΜΠΕΡΑΣΜΑ

Στις πρώτες μέρες της Νέας Ορλεάνης, πιθανότατα μια γόμα σερβίρονταν ως το πρώτο πιάτο ενός γεύματος. Σήμερα, δεδομένου του γρήγορου ρυθμού της ζωής μας, ένα gumbo συνήθως μετράει ως το εισιτήριο στα τραπέζια του σπιτιού. Τα εστιατόρια είναι πιο πιθανό να ακολουθήσουν το στυλ της παλιάς σχολής με το gumbo ως ορεκτικό.

Κατά την εποχή του δουλεμπορίου, οι μπάμιες εισήχθησαν στη Νέα Ορλεάνη από Αφρικανούς, οι οποίοι, πιστεύουν οι περισσότεροι ειδικοί στα τρόφιμα, έφεραν το φυτό στις νότιες φυτείες μέσω της Καραϊβικής. Ονομαζόταν gombo ή kingombo στις γλώσσες Μπαντού και ήταν είτε βραστό, τηγανητό, στον ατμό ή τουρσί και χρησίμευε τόσο ως παχυντικό όσο και ως νόστιμο συστατικό που συνδυάζεται καλά με τα θαλασσινά στα gumbos.

Σήμερα, η έννοια του «γκάμπο» ξεπερνά τη μαγειρική. Το μεγαλύτερο μέρος κάθε μείγματος μπορεί να ονομαστεί γκάμπο—πολιτικό γκάμπο, ράτσα σκύλου, τρέλα μόδας. Είναι ένα δημοφιλές όνομα για τα ζώα. ένα συγκεκριμένα ήταν ο Άγιος Βερνάρδος και μασκότ των Αγίων της Νέας Ορλεάνης στα πρώτα χρόνια της.

Από όλα τα πιάτα που σερβίρονται στο χωνευτήρι, ή gumbo, που είναι η νότια Λουιζιάνα, αυτό το πικάντικο πιάτο με ένα δοχείο έχει γίνει συνώνυμο της περιοχής. Πείτε "Νέα Ορλεάνη" και σκεφτόμαστε "φαγητό" ή σκεφτόμαστε "γκάμπο".

Lightning Source UK Ltd.
Milton Keynes UK
UKHW020115140123
415288UK00011B/122

9 781805 425151